创业教育心法

如何创办与运营一家能赢利的创业教育机构

周自强◎著

中国经济发展至今，经历了一波又一波的创业浪潮。从国家鼓励教授、专家创业，到大众创业、万众创新，创业这件事已经在普通人中间普及。但创业并非一件轻而易举的事，它需要创业者具备专业的知识和能力，强大的毅力和韧性，忍受孤独的能力，以及调动人脉、资源、资金、人力的统筹能力……

所以，创业者需要被教育。本书以创业教育为主线，从9个层面对创业教育进行了梳理与剖析，希望能给创业教育领域的从业者带来别样的视角和启发。同时作者将多年创办创业教育机构的心得与经验全盘呈现，让读者在管理、培训、运营、营销等方面有所收获。

图书在版编目（CIP）数据

创业教育心法：如何创办与运营一家能赢利的创业教育机构 / 周自强著. — 北京：机械工业出版社，2022.4
ISBN 978-7-111-70423-2

Ⅰ. ①创… Ⅱ. ①周… Ⅲ. ①创业 – 研究 Ⅳ. ①F241.4

中国版本图书馆CIP数据核字（2022）第049922号

机械工业出版社（北京市百万庄大街22号　邮政编码100037）
策划编辑：解文涛　　　　　　责任编辑：解文涛　蔡欣欣
责任校对：韩佳欣　刘雅娜　　责任印制：李　昂
北京联兴盛业印刷股份有限公司印刷

2022年6月第1版第1次印刷
170mm×230mm·17.25印张·1插页·246千字
标准书号：ISBN 978-7-111-70423-2
定价：88.00元

电话服务　　　　　　　　　网络服务
客服电话：010-88361066　　机　工　官　网：www.cmpbook.com
　　　　　010-88379833　　机　工　官　博：weibo.com/cmp1952
　　　　　010-68326294　　金　书　网：www.golden-book.com
封底无防伪标均为盗版　　　机工教育服务网：www.cmpedu.com

前言

在"大众创业、万众创新"的时代,传统商学院、投资机构、行业龙头企业等都开始将目光投向创业教育行业,希望借助自身的资源为创业者提供教育服务,帮助创业者加速"从0到1""从1到100"的进程,从而揭开中国创业教育发展浪潮的大幕。

创业教育从业者与无数创业者一起,在波涛汹涌的创业浪潮中,逐渐发展成熟,真正承担起为创业者创造价值的重任。

本书以创业教育为主线,第1章通过对创业教育发展史的基本阐述,帮助读者了解创业教育的发展全貌,为后续8章的细节论述做基础性铺垫;基于创业发展的整体逻辑,第2~9章则从商业模式和盈利模式、认识创业者、课程设计、师资建设、品牌营销、课程运营、社群维护、内部管理等8个层面,对创业教育机构的管理运营进行深刻阐释,力求为从业者厘清创业教育的发展思路。

在全书共9章的内容中,作者结合多年从事创业教育的心得与经验,从创业教育机构发展的核心要点出发,在梳理整体框架的同时融入了行业经典案例,为创业教育行业的从业者提供了可落地的实操方法。

希望本书能帮助创业教育从业者,为创业者创造价值,并与创业者相互连接、互相成就,共同推动中国经济的繁荣发展。

著 者

2022.4

目 录

前 言

第 1 章 在淘金路上卖铲子

创业教育为创业者打开了新的大门	/ 002
探索	/ 002
开篇	/ 003
"大众创业、万众创新"是一场创业教育普及	/ 006
大街	/ 007
蓬勃	/ 007
巨头	/ 010
走向成熟	/ 012
上市	/ 012
多元化	/ 013
新时代的开启	/ 017
新的创业者	/ 017
新的平台和模式	/ 020
小结：我们需要什么样的创业教育	/ 023

第 2 章 创业教育模式千万种，为什么这么选

创业教育的 4 个主流模式 /028
- 面向企业需求的 To B 模式 /029
- 面向个体需求的 To C 模式 /033
- 面向政府需求的 To G 模式 /035
- 面向投资人需求的 To VC 模式 /037

创业教育商业模式的核心要素 /040
- 商业模式的差异点 /041
- 用户群体定位的差异化 /042
- 学员（创始人）需求分类 /044
- 课程体系与师资力量的差异化 /046
- 招生的差异化选择 /048
- 线下与线上服务 /049

独到的盈利模式 /054
- 直接收费模式：向学员直接收取费用 /055
- 投资模式：占有股权，长期获益 /067
- 第三方付费模式：获得政府、公益机构等第三方的支持 /070

第 3 章 认识创业者

识人之难 /078
- 人本身就难以被正确认知 /078
- 创业者更加复杂 /079

创业者的基本角色 /081
- 创业者的基本角色框架 /081
- 关于"个人英雄主义" /082
- 创业者的角色 /085
- 领导者的角色 /087
- 经营者的角色 /090
- 总和的企业家 /091
- 角色间的冲突 /092

认识创业者的基本方法 /094

核心原则	/094
一般步骤	/096
特殊要求	/097
认识创业者角色的方法	/101
对创业教育机构人员的基本要求	/102

第 ❹ 章 如何做好创业教育课程设计

不懂创业者，创业教育就无从谈起	/106
创业教育不是把普通人变成企业家	/106
创业教育的两面：商业性与公益性	/107
创业教育的两个关键：有用、有情	/109
创业教育是成人教育，更具目的性	/112
课程设计需要一个完整的逻辑	/114
创业教育的受众群体细分	/114
企业发展5个阶段的需求细分	/118
3个落脚点	/121
围绕创始人的核心任务展开	/125
课程设计须融入自身优势，差异化优势就是竞争力	/127
创业教育课程设计要围绕自身优势	/127
背靠大企业：在一个行业内深耕，底蕴深厚	/129
背靠投资机构：突出模式、融资指导与连接	/130
背靠媒体：突出新趋势，拥抱新思想	/132
商学院：强大的教研能力与权威背书	/133
政府孵化器：融合当地政策，更具针对性	/136
合作型：借助已经成熟的课程体系	/137

第 ❺ 章 为什么知名企业家都乐于过来讲课

选择合适的老师来授课的原则	/140
领域契合	/140
有干货，能讲解	/141
有知名度或权威身份	/141
能互相成就	/141

如何邀请知名企业家前来授课 /143
- 邀请知名企业家授课的优势 /143
- 邀请知名企业家的准备工作：知己知彼 /144
- 邀请知名企业家的实施工作：精心准备、广开渠道、坚持不懈 /146
- 如何与知名企业家建立长期关系 /148

如何邀请投资人前来授课 /150
- 邀请投资人授课的优势 /150
- 如何向投资人讲述学员优势 /151
- 如何维持与投资人的关系 /152

如何邀请大企业的管理者前来授课 /153
- 邀请大企业管理者授课的优势与劣势 /153
- 做好调查工作再邀请 /154
- 授课后的关系管理技巧 /155

如何邀请创业者前来授课 /157
- 邀请创业者授课的优势与劣势 /157
- 邀请时的特殊策略与技巧 /158

如何邀请专业人士前来授课 /159
- 邀请专业人士授课的优势与劣势 /159
- 如何说服专业人士前来授课 /160
- 如何与专业人士谈课酬 /161

如何维护师资资源，保持课程稳定 /162
- 了解并满足不同老师的诉求 /162
- 更好地与老师沟通协商 /163
- 提前与老师对课、催课件的策略与技巧 /164
- 向老师表达谢意的方法 /165
- 注重通过社会关系维护师资 /167
- 师资建设是创业教育永远的痛 /168

第 ❻ 章　如何招到你想要的学员

品牌的价值在于吸引合适的人　/172
- 品牌是机构和个人最值钱的资产　/172
- 创业教育机构打造品牌的 5 个关键　/173

创业教育机构的生源渠道建设　/176
- 政府孵化渠道　/176
- 投资机构　/177
- 媒体机构　/179
- 往届学员推荐　/180

创业教育机构的 6 个营销策略　/182
- 明星学员背书与传播　/182
- 社群营销，引爆传播　/184
- 线上课程分享，为线下引流　/185
- 短视频与直播宣传策略　/188
- 口碑营销策略　/189
- 书籍、音媒体等平台营销策略　/191

创业教育机构学员拉新策略　/193
- 如何以老学员的分享引爆传播　/193
- 如何在新媒体上通过精准投放软文拉新　/195
- 活动营销策略　/197
- 社群拉新、留存、转化策略　/198

第 ❼ 章　让学员上完课都愿意推荐的培训课是如何运营的

在课程中推动学员学习落地的 4 个步骤　/204
- 知物：了解事实，学到知识　/204
- 明理：明晓道理，学以致用　/205
- 致学：举一反三，融会贯通　/205
- 笃行：落地操作，实践复盘　/206

在课程中推动学员互相认同与连接的 3 个阶段　/207
- 阶段一：促进学员互相了解　/207
- 阶段二：让学员充分展示自身优势　/208

　　　　阶段三：让学员找到彼此信赖的伙伴　　　　　　　　　　/209

打造班级文化、凝聚人心的 2 种路径　　　　　　　　　　　/211
　　　　引导学员自发讨论形成班级文化　　　　　　　　　　　/211
　　　　通过有影响力的、持续的活动塑造班级文化　　　　　　/213

形成学员自我管理的 1 个组织　　　　　　　　　　　　　　/216
　　　　管好老板学员的核心是价值观　　　　　　　　　　　　/217
　　　　做好班委建设：让学员实现自我管理　　　　　　　　　/218
　　　　课程班主任如何塑造自己的"管理权威"　　　　　　　/219

第 8 章　创业教育社群维护与运营心法：让学员不想离开

从上课的那一刻起，就让学员不想离开　　　　　　　　　　/222
　　　　课程效果好不好，主要看服务好不好　　　　　　　　　/222
　　　　社群运营的好坏，关系到学员体验的好坏　　　　　　　/223
　　　　课程结束后服务并不终止　　　　　　　　　　　　　　/225

如何组织让老学员愿意多次参加的同学会　　　　　　　　　/227
　　　　如何把同学会办得更新颖　　　　　　　　　　　　　　/227
　　　　如何邀请明星学员前来分享　　　　　　　　　　　　　/228
　　　　如何打造让学员都认同的文化　　　　　　　　　　　　/229

如何组织资源对接会　　　　　　　　　　　　　　　　　　/231
　　　　如何搞定既有企业家又有投资人的对接会　　　　　　　/231
　　　　如何让新老学员之间的资源自由对接　　　　　　　　　/232
　　　　如何引入新资源，让对接会人人想来　　　　　　　　　/233

如何激活老学员，获得精准新学员　　　　　　　　　　　　/236
　　　　礼物关怀，让老学员一直被记得　　　　　　　　　　　/236
　　　　微信朋友圈宣传，如何让老学员乐意转发　　　　　　　/237
　　　　利益/荣誉连接，让"老带新"常态化　　　　　　　　 /238

社群运营也要有组织和参与感　　　　　　　　　　　　　　/239
　　　　社群的运营不能只靠自己，还要靠学员　　　　　　　　/239
　　　　给学员展示的机会，打造参与感　　　　　　　　　　　/241
　　　　自由沟通与交流，以新鲜话题激活成员　　　　　　　　/243

	社群里也要有仪式感	/243
	社群文化与社群灵魂塑造策略	/244

第 9 章 强大的团队是创业教育机构的底气

创始人的决心与使命感是支撑创业教育机构的原动力 /248
- 创业教育机构创始人的决心与使命感 /248
- 创业教育机构团队的使命感 /250

如何打造强大的教研团队 /252
- 什么样的人适合待在教研团队 /252
- 教研团队如何快速成长 /255
- 如何合理安排教研团队的工作 /255

如何打造"管得住"老板的班主任团队 /257
- 什么样的人适合做课程班主任 /257
- 后勤行政支撑人员应该做哪些工作 /259

团队内部凝聚力建设与团队人才的成长 /261
- 团队的无缝配合是打造口碑的关键点 /261
- 团队人才的成长路径 /263
- 成长型团队才是好团队 /265

第❶章

在淘金路上卖铲子

在中国经济腾飞的过程中,涌现出一代又一代的创业先锋,是他们的锐意创新为中国经济注入了惊人的活力。但创业的高失败率却同样让大批创业者在这条淘金路上折戟沉沙。创业者需要支持与帮助,而创业培训的出现,正是为他们提供了"掘金的铲子",加速创业"从0到1"的过程。自21世纪之初,创业培训在中国萌芽,而在之后十余年的发展中,创业教育也成为创业者的重要支持力量。

创业教育为创业者打开了新的大门

改革开放初期,创业对于普通人而言还是一个遥不可及的陌生词汇,但在之后40余年间,尤其是进入20世纪90年代之后,社会经济和互联网产业的发展,使创业这件事变得更加普及,我国也由此涌现出一代又一代优秀企业家和创业先锋——他们是推动我国经济腾飞的重要践行者,也是我国经济发展奇迹的创造者。

回溯这条奔涌前行的时代潮流,创业的大门究竟是如何逐渐向所有有志之士打开的?创业"从0到1"的过程又是如何被大大加速的?这就需要从创业培训说起。

探索

中国创业培训的先行者可以追溯到亚杰商会(Asia America Multi-technology Association,AAMA)走入中国。

2004年,中国刚刚经历互联网泡沫的破灭,众多互联网创业者开始重新摸索适合中国的商业模式。那时,百度、腾讯开始突破传统门户网站的垄断,博客网的成立宣告了个人门户的兴起,阿里巴巴刚刚面向个人消费者推出淘宝和支付宝,网游市场的火爆也已初现端倪。

正是在那样一个"百废待兴"的时期,成立于1979年的亚杰商会从美国硅谷来到北京大学朗润园。作为硅谷多个科技、商务协会中的领军者，亚杰商会开始对中国的创业环境进行深入观察。

与此同时，在硅谷，保罗·格雷厄姆和他人共同创立Y Combinator（简称YC）。YC挑选富有潜力的创业团队，从其起步阶段就介入并提供资金、培训等各种资源支持，迅速培育出多个优秀创业项目。《连线》杂志称YC为"一个面向初创公司的新兵训练营"[一]，《福布斯》则在2012年将其评为"最有价值的孵化器"。

或许是YC的孵化器模式带来的启发，或许是中国创业市场蕴藏的机遇，亚杰商会于2006年正式启动AAMA亚杰商会未来科技商业领袖计划（简称"摇篮计划"），以"导师制"为创业者提供一对一的辅导培训，助推创业者加速前行。

这样的模式不仅为中国创业者提供了更多的支持，也为中国创业培训的萌芽带来了重要启迪——纵观中国创业培训历程，AAMA"摇篮计划"堪称先驱，至今仍然在创业教育领域扮演着重要角色。

开篇

2007年年底，科技部组织召开关于高科技成果产业化的研讨会议，联想创始人柳传志受邀出席，我则作为董事长助理陪同参加。

这场会议之后的2008年，联想迅速推出"联想之星创业CEO特训班"，为科技创业人才提供免费培训。第一期的学员全部来自中国科学院各个研究所，"联想之星创业CEO特训班"为这批有志于通过创业实现科技成果产业化的人量身定制出国内首个系统化的创业培训体系。

第一期的培训得到了学员的高度评价，在次年开班的"联想之星创业CEO特训班"第二期上，我们邀请了十多位媒体记者随班旁听，其中一位是时任《创业家》杂志主编的申音。

[一] Levy, Steven. Y Combinator Is Boot Camp for Startups. 连线杂志，2011-05-17.

《创业家》杂志由牛文文创办，他在1991年加入经济日报社，并于2000年就任《中国企业家》杂志总编辑，是一位资深媒体人，也见证了中国一代民营企业的成长。在2008年兴起的创业浪潮中，牛文文毅然离开《中国企业家》，决心创业。

然而，虽然预见到了传统杂志行业的衰落，牛文文仍然选择了《创业家》杂志作为创业起点。也正是在这时，牛文文派杂志主编申音以随班记者的身份来到联想之星。在2009年11月的《创业家》杂志上，刊登了申音主笔的封面专题——柳传志，要把科学家激活成企业家。

2010年，牛文文创办"黑马学院"，投身创业培训行业。然而，与联想之星不同，牛文文的"黑马学院"并不具备联想、中科院这样的背景，经过近一年的尝试，牛文文还是决定从更接地气的"黑马成长营"做起。即使如此，高达4万元的培训费用和薄弱的背景仍让牛文文处处碰壁。但靠着惊人的毅力，历经千难万险，"黑马成长营"终于赢得了创业者的认可，成为中国创业培训发展的重要推手。

彼时，背靠联想、中科院的联想之星与出身草根的黑马学院的成功让人们看到了中国创业培训行业的机遇，创业教育公司相继涌现出来。

2012年是中国移动互联网用户规模首次超过PC互联网用户的一年，也是中国创业教育平台井喷的一年，这一年正式拉开了中国创业教育行业的序幕。

2012年5月，中欧国际工商学院院长朱晓明教授、副院长约翰·A.奎尔奇(John A. Quelch)教授与创投中心执行主任李善友共同敲响一面战鼓，将商学院与业界紧密结合的中欧创业营由此起航。

2012年6月，北京大学依托自身开放的教育资源、研究资源和校友资源，打造出创新创业人才培养平台——北京大学创业训练营，并引入北大校友创业服务联盟概念，邀请优秀校友企业为创业企业提供支持与帮助。

2012年6月，由《中国企业家》前社长刘东华创办的正和岛正式上线，定位于成为中国商界高端人脉的深度社交平台。以会员制的方式招募企业家，旨在为会员提供缔结信任、个人成长和商业机会对接的服务。

2012年7月，微软推出资源聚合、生态共享的创新创业平台——微软加速器，整合微软内部业务、市场、研发等强大的全球资源，为入选的创业公司提供成长加速扶植与指导，甚至会有微软中国首席技术官（CTO）为学员提供专业的技术辅导。

伴随着时代的发展，新机会涌现，更多优秀的人才、资本进入创业领域。而创业培训的形式也从零零散散的导师制小班，逐渐演变成发掘和培育优秀创业者、整合社会优势资源的大平台。

而在此后的数年间，在创业教育从业者的殷切期待中，经过创业培训赋能的新一代创业者，也确实上演了中国创业史上跌宕起伏的精彩好戏。

"大众创业、万众创新"是一场创业教育普及

2013年到2014年的新年之交,发生了令人印象深刻的"打车软件大战"。在短短的数月间,滴滴打车与快的打车的补贴不断加码,直至2014年5月,随着双方推广资金消耗殆尽,这场让消费者喜闻乐见、让创业者心惊胆战的大戏才告一段落。

这出好戏让很多人体会到了创业的残酷,同样也让很多人见识到了创业的激动人心。

就在2014年这场开年大戏逐渐归于平淡时,2014年9月,李克强总理在夏季达沃斯论坛发表讲话,要在国内掀起"大众创业""草根创业"的新浪潮。

创业与创新终于在中国大地上萌芽、生长,太多有志之士想要在这幅时代的卷轴中画下属于自己的一笔,甚至主导一场属于自己的"打车软件大战",创造出如阿里巴巴这样的"商业大平台"。

无数人怀揣梦想与激情冲进创业大潮,却发现自己陷入了一个尴尬境地:有激情、有技术或有想法,但却没资源、没经验、没团队……创业并非说说那么简单,究竟该如何去做?

大街

这样的问题一直存在。有些创业者自发聚集起来形成了各种创业圈子，共同寻找答案、分享资源、相互激励。

2011年，在中国海淀图书城里220米长的一条步行街上出现了两家咖啡馆，一家叫车库，创始人叫苏菂；还有一家叫3W，创始人叫许单单。

两家咖啡馆的面积都不大，但里面挤满了创业者，每张餐桌上都摆着项目计划书，创业者们激动地讲述着自己的计划、畅想着创业的未来，有的人把那里当成了自己的办公室，甚至宿舍……

一杯咖啡、一张桌子、一个人就可以开始创业。车库和3W让更多无法进入精英创业营的"草根创始人"可以接触投资和其他资源。

2014年6月，这条无名街道正式被命名为"中关村创业大街"。至此，除了两家咖啡馆，这里还汇聚了联想之星、创业家/黑马、飞马旅、36氪、天使汇等众多机构。

2015年5月，李克强总理来到中关村创业大街考察。当时的中关村作为首个国家自主创新示范区，已经孕育出260家上市公司，并不断有新的创业者来到创业大街，在一张张咖啡桌上也不断有新的创业项目形成。

中关村创业大街迅速成为标杆，创业大街、创业咖啡馆在全国遍地开花。

蓬勃

同年，成立于1999年的清华创业园推出"启迪之星"，通过创业培训、孵化服务、天使投资等方式，挖掘科技创新创业项目、培养科技创业领军人才。在短短半年间，"启迪之星"就收到千余项目的报名参与，并在6个月的集中孵化服务中筛选出39个项目进行孵化成果展示，通过演示日（Demo Day）为其寻找投资机会。

与此同时，创业培训机构纷纷涌现，创新工场兄弟会、小饭桌创业课堂、"未来之星"等平台为创业教育的发展提供了更多的可能，使创业教育行业真正迎来了百花齐放的新时代。

创新工场由李开复博士于2009年创办，是一家致力于早期阶段投资的投资机构与创业平台。先后任职于苹果、微软、谷歌的李开复，在年轻人中拥有很大的影响力，创新工场一经成立就名噪一时。

经过5年的发展，创新工场投资了150多家创业企业，涉及硬件投资、O2O等众多领域；2014年，李开复与徐小平、蔡文胜联合发起创新工场"兄弟会"，着重关注投后市场，将创新工场投资的企业资源进行整合，让创业者之间建立互助关系，甚至是协同关系，以推进创业企业进一步发展。这也是对创业教育产业链条的一次深入探索。

小饭桌创业课堂则由险峰投资李黎与华兴资本李晶携手创办。独特的创立背景也让小饭桌创业课堂的创业教育模式与众不同。当时，无论是联想之星，还是黑马学院、北大创业训练营等，其培训时间都长达1年，但小饭桌创业课堂的培训时间却不过1周。

小饭桌创业课堂的创立理念十分简单，那就是通过这个平台快速筛选投资项目。在2014年的双创浪潮下，创投机构都在寻找合适的投资机会，但长达1年的培训时间对投资人而言太长，小饭桌创业课堂因此成立，希望以最快的速度找到好的项目。

当创新工场和小饭桌创业课堂等机构通过培训寻找优质的投资项目时，李善友则在中欧创业营的平台上推出了一个新的物种："颠覆式创新研习社"。

在众多创业培训的讲台上，李善友凭借其独特的个人魅力，成为当时极具影响力但也引来极多争议的创业导师。

李善友的早期课程的主题是"颠覆式创新"，其讲授基础源于克莱顿·克里斯坦森的《创新者的窘境》。他将书中的理论吃透，并结合苹果、小米、华为、联想等企业的案例，将这本书的核心概念进行深入剖析并传授给学员。

与其他创业教育导师不同的是，李善友坚持"讲长课"，在两天一夜的培训中，李善友独自讲授数百页PPT，甚至讲到衣衫汗湿——这也成为李善友的一个独特"卖点"。

李善友的"颠覆式创新"很快成为中欧创业营的招牌课程，甚至有学员说："'颠覆式创新'是中欧创业营最有价值的课程。"

借助这样的人气，李善友创立了"颠覆式创新研习社"这一学习社群，其基石成员是中欧创业营前三期的150位学员，并以1000元/年的费用对外招募会员。来自天南海北的创业者都可以在这里进行头脑风暴、开设论坛或举办会议，社内的全部活动内容都必须围绕着学习和实践。

这种社群模式突破了中欧创业营25万元的高额学费门槛，并借中欧的品牌迅速扩大。短短1年，"颠覆式创新研习社"就成为一个由近6000名创新者组成的学习社群。

此时已经离开《创业家》杂志社自主创业的申音，是中欧创业营的第三期学员，他在参加了"颠覆式创新研习社"的活动后，专门给我打电话说："自强，李善友老师这个'颠覆式创新研习社'很牛，你们要去研究一下，将来肯定要超过联想之星。"

2015年，"颠覆式创新研习社"更名为"混沌研习社"，对课程体系进行全面梳理，成为一家由线上课程体系和线下训练营体系共同构成的创业教育平台。

伴随着"颠覆式创新"这一概念迅速普及的另一个词是"互联网思维"。无论人们对这个词的褒贬如何，不可否认的是，互联网正在对传统领域进行渗透和改造，大量创业公司在传统领域出现，而大量传统行业的企业家们也在"颠覆自己还是被别人颠覆"的焦虑中开始了自我进化之路。

2013年，早已于2010年登陆美国纽交所的学而思更名为好未来，发起"未来之星"创业营，专门为教育行业的创新创业者提供服务。

虽然每期创业营只招收36名学员，但"未来之星"却尽量覆盖各个教育赛道。经过7期的创业营，"未来之星"也形成了由多达256位教育创业者组成的"未来之星"校友会，这里几乎囊括了当今中国所有优秀的教育创业者，如51Talk创始人黄佳佳、果壳网创始人姬十三以及猿题库联合创始人李鑫等。

2015年，创业邦星际营的第一期开营。

《创业邦》创刊于2007年6月，拥有国内多家投资机构的股东背景。其创始人南立新在2006年即从美国引入"Demo China创新中国"活动，可以说是国内历史最悠久、规模最大的创业类项目比赛。创业邦星际营正是在"Demo China创新中国"的基础上发展而来的创业服务机构。

创业邦星际营借助其在投资机构中的广泛人脉，以商业实战训练、一对一导师辅导等模式为创业者提供为期3个月的孵化培育，并在Demo China舞台上对孵化项目进行展示，以实现"资本＋产业的精准对接"。

至此，经过短短几年的发展，以投资、孵化为核心的创业教育模式基本形成。无论是北京大学、清华大学等高校，还是联想、微软等名企，或者其他各类创投机构，其实都是在寻找优质创业项目，为其提供资金、技术等各类资源支持，在项目成功后获得投资回报，并通过创业社区或创业社群，让成功的创业项目反哺创业教育平台，在互帮互助中实现协同发展。

巨头

聚集了孵化、投资资源的创业教育模式在全国迅速推广，2015年，互联网巨头入场了。

浙江湖畔创业研学中心（以下简称"湖畔"）由冯仑、郭广昌、史玉柱、沈国军、邵晓锋等企业家和著名学者共同发起创办，位于杭州西湖浴鹄湾附近。

"知名企业家＋商学院教授"联合授课的模式，让湖畔在诸多创业教育平台中独树一帜。

湖畔的学员包括诸多已上市公司的董事长、总经理，这已经超越了一般以中小企业创业者为主要受众的创业教育。

与此同时，腾讯于2015年7月与长江商学院合作推出青腾创业营，旨在推动全球产学研资源的整合，助推数字生态伙伴企业家实现认知提升、业务成长和社群共赢。

在1年多的时间里，青腾创业营学员的企业估值由开学时的480亿元跃升至1000亿元，青腾创业营随之在2016年推出"青腾长江商学院-未来商业学堂"。腾讯还在全国20多个城市通过合作的方式建立了30多家"腾讯众创空间"，为创业公司提供除了培训辅导以外的、来自腾讯的诸多资源。

自2010年的3Q大战后，腾讯在反思中从封闭走向开放，从创业者口中的"敌人"，成为扶持创新创业的生态平台。而青腾创业营、腾讯众创空间成了腾讯生态战略的重要组成部分。

走向成熟

短短两年间,创业大街、创业训练营在全国各地遍地开花,每位创业者或创业教育从业者都对未来充满期待。但到了2016年年底,资本寒冬骤然降临。

2016年年底,我受邀作为评委嘉宾参加了一场创业比赛的决赛颁奖活动,活动在中关村举办。但当我抵达现场时,发现可坐200余人的礼堂中只坐着20~30人——其中还包括了前来领奖的创业企业代表。按照会议议程,几位嘉宾要上台进行一场对话。主持人有一个问题是:"你们怎么看待资本寒冬?"

面对着台下寥寥无几的参会者,我想,这就是最好的答案。

但真正的创业者并不会因此而退缩。

上市

如今回过头去看,在2016—2018年这3年间,国内也涌现出共享经济、人工智能等创业热潮,如滴滴、美团等公司创下了历史融资纪录,2017年4月的55亿美元融资,更是将滴滴的公司估值推向500亿美元。

同样是在2017年,腾讯将青腾创业营升级为青腾大学(后改为青腾

TencentX），并与清华大学经管学院合作推出"清华-青腾未来科技学堂"，进一步深耕科技领域。

优秀的创业者即使在资本寒冬，也可以打造出属于自己的独角兽企业。那么，作为创业者的重要支持力量，在为创业者提供创业培训与辅导的同时，创业教育本身当然也应当做好示范。

牛文文也是这样做的，在经过9年的奋斗之后，出身"草根"的黑马学院终于在2017年8月登陆创业板。一经上市，创业黑马（北京）科技集团股份有限公司就连续2天涨停，总市值达到11.6亿元，截至2021年12月31日，其总市值为35.68亿元。

黑马学院的上市是中国创业教育发展的标志性成果。正如牛文文在上市典礼上所说："9年前，我们相信'人人都是创业家'，提出了'让创业者不再孤独'的口号，以'培养下一代中国商业明星'为使命，帮助创业者提高成功率。9年来，我们坚持这个初心，探索出了一套帮助创业者成功的方法。"

在这9年的艰苦探索中，黑马学院累计为上万名创业者提供培训，其中有近70位学员的项目或公司也已实现上市。作为创业教育行业的早期从业者，牛文文的资源不可谓不贫乏，但毅力与韧性却支撑着他最终打造出领先的综合性创业服务平台，而在上市成功后，黑马学院则用募集的资金推行创业辅导培训"百城计划"，将服务下沉到地级市和县级市，为更多的创业者提供更加精准的服务。

多元化

新东方曾帮助无数有才、有志的年轻人走出国门，也成就了像徐小平、罗永浩、李笑来、李丰、周思成这样的优秀创业者和投资人。新东方的创始人俞敏洪多年来一直在众多创业平台上担任着创业导师的角色。

2018年，俞敏洪决定依托新东方，为教育领域内的创业者创造一个服务平台。项目负责人找到我，邀请我以特别顾问的身份，参与到项目第一年的策划和执行中。

当时国内的创业培训机构比比皆是，覆盖了几乎所有的早期创业者，而在垂直行业内，专注于教育领域的"未来之星"也已进入第五个年头，新东方该如何切入？

一般来说，进入教育领域的创始人，通常都拥有这个行业的核心资源——讲师。要么自己就是名师，要么拥有名师资源。所以教育领域的创业公司在早期存活并不是太难的事情，而其商业模式也相对简单，就是与互联网结合，但核心的师资、授课、教学服务等环节并无实质性变化。

对于教育类公司来说，最具风险阶段的恰恰是经过生存期后的高速发展阶段。如何规模复制成熟模式、如何掌控经营增长和风险、如何应对多变的行业，这些对于大多讲师出身的创业者来说，都是从未经历过的难题。

而反观新东方自身的能力和资源，新东方不仅拥有数十年在教育行业的惊涛骇浪中发展壮大的经验，还培育了大量的优秀高管。

基于此，我首先排除了做一个类似"教育行业的联想之星"的想法。我给出的建议是，新东方服务的创业者应该定位于发展到一定阶段的企业（最后被限定为年营业额在5000万元以上、融资轮次在B轮以后的企业），而课程体系结合本阶段企业的需求以及新东方的优势进行打造，解决这些企业的"成长之痛"（见图1-1）。

优秀的创业教育能够吸引优秀的创业者——不仅仅有来自成功企业家和投资人的精彩分享，还能结交更多优秀的同行者。"为什么创业者要在已经非常繁忙的情况下挤出时间去学习？你问十个创业者与十个办学者，答案几乎都是'人脉圈'。但事实上只有助人成事才能获取人脉，这也是志同道合的真正魅力所在。"（经纬创投）

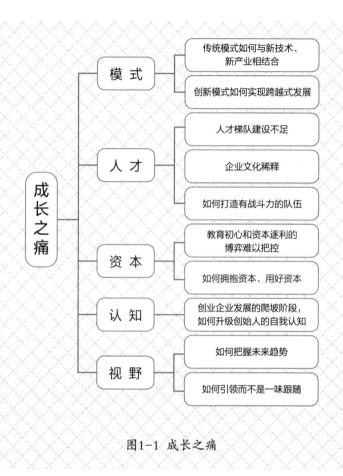

图1-1 成长之痛

2018年10月,基于"不走戈壁,探岩洞"的创办思路,经纬亿万学院正式成立。与"走戈壁"相比,"探岩洞"同样很累,但听起来"很酷"——经纬亿万学院要的是"无比强调接地气与创业实战技巧,同时突出工作外有趣多元之生活体验"——这样的思路带有强烈的张颖(经纬创投创办人)个人特色。

与此同时,被称为"最有价值的孵化器"的YC也正式进入中国。YC中国是YC的首次海外扩张,在陆奇的带领下,YC中国沿用在硅谷的孵化和投资方式并进行了一定的本土化运营。

YC中国实现了一个漂亮的开局，超过40%的首期入营企业拿到了投资条款清单（TS，指投资意向），但短短1年后，随着YC全球主席的更换，YC决定使所有创业营活动回归美国本土，2019年11月，YC正式发表声明称撤出中国。

而作为YC中国的创始人和CEO，曾在微软、雅虎、IBM、百度先后任职的陆奇，则率领YC中国团队进行独立化运营，并将其转化为一家全本土创业加速营——奇绩论坛。

奇绩论坛延续了YC中国的运营方式，致力于"创造一个可以让创业者完全专注在搭建产品、跟用户交流的环境"，帮助创始人实现0到1的突破。

新时代的开启

对于创业者和为创业者提供服务的人来说,2020年都意味着一个全新的开始。

突如其来的新冠肺炎疫情,让万科这样的龙头企业也发出"活下去"的呼喊,创业就显得更为惊险——如果市场失去了创业者,那为创业者服务的创业教育也就失去了存在的意义。

然而,这个世界永远都不缺乏勇于探索的前行者,每一个波谷都蕴藏着腾必九天的"潜龙"。

新的创业者

2008年开始做联想之星的时候,我们面向的受众群体是"科学家",我们的任务是在这些"科学家"中找到拥有"企业家"基因的人,通过培训"激活"他们,实现创业的成功,实现"科技成果的产业化"。

联想之星的学员们来自中国优秀的科研机构,拥有领先的原创技术。他们自豪于自己的技术可以用于多个行业、多种产品。他们最焦虑的是"如何做销售""怎样才能招到一个销售VP"。

但如果我们深入追问这些技术在一开始是如何被立项、如何被开发的时候,我们往往会发现它们并非来自于市场、用户的需求,而是来自于科研本身,比如"填补空白""申请项目经费""发表论文"等。这些确实可以成为立项的原因,但如果以商业化为目的,那它们就不是最重要的出发点,甚至是错误的出发点。

我曾经以为这样的偏差只存在于我们的科研体系中,但2009年在和硅谷的科技孵化器进行交流时,我了解到当他们在面对来自斯坦福大学、伯克利大学的优秀科学家创业时,面临着同样的困扰。

人最难改变的是观念。在联想之星早期时,我们内部曾多次复盘,探究"我们的学员的某些观念是否可以通过外力发生转变"。事实上,我们最终得出的结论是,不能指望通过短暂的、小范围的努力就能改变一个人赖以成功的思想基础。所以,有一次我和《创京东》《九败一胜》的作者李志刚在交流科学家创业时,对"把科学家变成企业家"这一说法进行了修正——绝大部分科学家是无法"变成"企业家的——死结不在于"创业方法论"上,而在于人的观念根深蒂固,难以改变。

但我的这种看法在2014年以后发生了变化,原因在于创业者这个群体本身在变化。

移动互联网在2010年后进入高速发展的阶段,其速度超过了以往任何一次商业浪潮,并且从单一领域迅速扩展到所有行业。无论是用户,还是从业者,都急剧增长。超大的用户规模和激烈的竞争让互联网企业的核心经营理念超越了"市场需求""用户需求"这种笼统的概念,而更进一步追求用户在使用过程中的所有体验。这种"一切从用户/客户出发"的理念,不仅训练了从业者的用户思维,对每一个互联网的使用者也有着潜移默化的影响。

而从2014年开始席卷全国的创业和投资热潮,更是完成了一次有关创业的"全民普及教育"。虽然在这个过程中存在着泡沫,但不可否认的是,在媒体、投资人、各种培训机构的推动下,大众对创业建立起了基本的认知。合伙人、商业模式、产品、运营、推广,这些原先只在少数精英人群中被讨论的概念,被更多的创业者所接受和理解。

新一代的创业者就是在这样的一个时代中成长起来的。联想之星早年的创业者学员的年龄为35~45岁，他们大多出生于20世纪六七十年代。而2020年开始创业的人，如果他正值30岁，那就是1990年出生。他们的学生时代，伴随着互联网的成长，而当他们离开学校步入社会，正值移动互联网和创业的兴起。对于他们来说，了解市场、理解用户的第一立场已无须再接受教育，他们面临的是在行业的激烈变革和竞争中如何生存、如何发展壮大的问题。

"新的创业者"的含义不仅仅是说新一代的创始人拥有与前辈们完全不同的心智模式，还意味着新的人群。

自出现以来，我们所说的"创业培训、创业教育"服务的对象其实一直是狭义上的创业者，即要走融资上市道路的创业者——筛选投资项目、获取投资回报是很多创业教育背后的盈利模式。而能够符合投资人的初筛标准、进得了他们视野的创业企业，可谓百里挑一。联想之星2015年第八期招生时，一共收到1500余份报名表，最终录取了50人。像浙江湖畔创业研学中心、亿万商学院这样的明星项目，也都有着极高的准入门槛。

那些被投资机构拒绝的创业者，绝大部分确实不可能做成一家上市公司，因而也不具备被财务投资者投资的价值。但作为一家企业的创始人，他们仍然需要不断地学习才能在竞争中实现生存和发展。

在传统的制造、贸易、餐饮、线下零售和娱乐行业中，有着大量中小企业，他们所做的生意虽然也应该算作是创业，但和互联网人口中的"创业"大相径庭。这些行业的商业模式往往更加原始，公司的经营管理靠的是老板天生的生意头脑，也有竞争，但多集中在价格层面。

随着互联网逐渐渗透到各个行业，这些中小企业正面临着新的挑战。像百度、阿里巴巴、腾讯这样的互联网平台，不仅为这些企业提供了更便捷的营销、支付、物流等工具（有人称之为新的"基础设施"），也带来了新的竞争。年轻的互联网人甚至自己下场，直接参与到最接地气的生意中来，比如快餐、KTV、医美等。

稍大一些的公司，在一开始就感受到了这种焦虑，他们通过诸如黑马学院、北大创业营、混沌学园这样的机构来学习，渴望通过"自我颠覆"实现在行业中的发展。但更多的小公司则只能依附于平台，在"传统"与"创新"的夹缝中力求生存。对于这些创业者而言，过去十多年里主要围绕"融资上市"之路打造的大部分创业教育内容并不能提供实质性的帮助。这些拥有员工不过数十人的小公司，需要更加实用的辅导，来帮助自己在新的时代中赢得生存和发展的空间。

对于曾经以"寻找好项目进行投资并通过投资获得回报"为主要商业模式的创业教育行业来说，上千万名中小企业主是一个全新的市场。

新的平台和模式

在2020年以前，创业教育几乎都是线下授课，组织方需要协调老师和学员的时间、安排酒店会场。在通常连续2~3天的高强度授课中，一般会安排3~4门课程，覆盖多方面内容，并尽量满足每位学员的需求。

线下模式能带来更高的客单价，但由于导师的时间和精力有限，使得业务难以快速实现规模化。

而对于部分创业者而言，他们并不需要特别系统化的、完备的内容体系，他们需要的知识可能只是课程中的某些内容。与这种简单需求相对的，其参加学习的时间和学费成本则又显得过于高昂。

率先试图通过互联网来解决这一问题的是知识付费平台。

知识付费以音频片段为主要载体，把系统性的知识进行碎片化处理，并按照付费订阅的模式，将内容通过互联网平台分发给用户，极大地降低了用户对高质量内容的获取成本，也帮助平台获取了数以亿计的用户。从2016年开始，以得到、喜马拉雅、知乎为代表的平台推动了知识付费模式的快速普及，而分答（现更名为"在行一点"）开创的"你问我答"的点播方式，更让人看到了"轻咨询"的可能。

知识付费模式培养了用户对在线付费内容的使用习惯，也在推动细分领域内容提供者的发展。在得到、喜马拉雅、知乎等综合性平台上，和创业相关的内容始终占据了一定的比例，而i黑马、36氪、《创业邦》这样的创投垂直媒体也都推出了自己的付费专栏。

而混沌学园则显然要在这一方向上走得更坚决。2019年，混沌学园开始将其所有的线下课程内容制作成视频片段，打造成在线课堂向学员授课。所有购买了课程的学员，先需要通过自学，学完所有的在线课程，才能进入学员社群，与讲师、领教，以及其他学员进行互动交流。混沌学园称之为"开启线上＋线下教育模式的探索"。

进入2020年，突如其来的新冠肺炎疫情让所有线下业务遭受重创，教育行业首当其冲。但在经历了短暂的停摆后，从业者们迅速开始寻找出路。借助非定制的视频会议平台，直播培训、在线路演纷纷出现。

2020年年初，我受邀成为"行动派""从0到1创业课"的顾问和领教，对在线课程模式进行了探索。

行动派是以"学习、行动、分享"为核心理念的青年创新教育平台，自2014年发展至今，行动派已经吸引了超过200万粉丝，覆盖了全国188个城市及英国、韩国等9个国家。

线下培训课是行动派的主要业务，新冠肺炎疫情让其业务完全停滞。创始人琦琦立刻决定转向线上，推出了"从0到1创业课"，进行在线创业培训。培训体系围绕广大的小微创业者打造，并被拆分为多个音频课程，学员可以根据需求付费学习单课，也可以购买一次性会员，除了能解锁所有课程，还可以获得一对一的领教讲解和答疑互动。在春节期间的短短1个月里，"从0到1创业课"就招募了近2000名付费会员。

当时，我作为课程顾问与团队成员一起进行了课程设计和迭代，并作为"驻场领教"参与到社群互动中，组织了多次"领教分享"和答疑互动。我们的课程内容并不是一次性录完，而是随着培训的进展，结合社群内学员的反馈情况，分批调整——这种模式有点像美剧，按季拍摄和播出，只不过时间间隔更短。而与学员们的互动，也让我有了与以往不同的体验。

　　创业本身具有不确定性和时代性，因而为创业者打造的内容和服务也具有因人而异的特点。纯粹线下的"非标准化"教培服务，在规模上难以复制；而纯粹线上，则要求内容"在任何时候都具备可听价值"的复制性（比如音乐），这对多变的创业来说是不可能完成的任务。所以，"线上＋线下"的模式依然有很多困难要去面对。无论是混沌学园的决心，还是行动派"从0到1创业课"的探索，都还只是起步。

小结：我们需要什么样的创业教育

全民创业的时代已经到来，但我们深知，创业并非一件轻而易举的事。无数人怀揣梦想走上创业之路，但大部分却在两三年内折戟沉沙，可能是因为缺乏强大的毅力与韧性，难以忍受创业的孤独；可能是因为缺乏专业的知识和能力，在创业中遇到问题时无法应对；也可能是因为缺乏人脉、资源、资金等，创业发展难以为继……

这样的结局无疑太过可惜，太多的有潜力的项目也因此被埋没。而创业教育正是要为创业者提供专业的支持，满足他们学习、融资、成长等各种需求，让各种科技成果得以实现转化，让各种创新创意得以绽放光芒。

长期以来，中国并非没有针对创业者的教育活动，但如商学院这样的教育机构过于高端，基于完善的工商管理课程搭建起的企业管理的整体框架，对于普通创业者而言却浮于云端；如成功学这样的教育理念缺乏实效，所谓的知识体系不过是对个别案例的梳理，未能抓住其发展成长的内在逻辑。

一些高校也开设了创业学相关课程，但这些课程或者多为国外商学院内容的翻版，或者多由在校教师讲解，其内容要么与国内的创业情况相去甚远，要么相对老旧；尤其是在信息时代的快速创新下，高校课程的缓慢更新，更使其难以满足年轻创业者的需求。

2015年5月7日，李克强总理来到中关村创业大街的联想之星考察。当时，联想之星已经成立7年，已免费为600多名创业者提供了培训。李克强总理在考察之后对联想之星营造的创业文化给予了高度夸赞，我至今仍记得总理当时的勉励之词："你们不仅创造了巨大的物质财富，而且培养了大批创造物质财富的人。人是最宝贵的财富，对'人'的投资就是最大的投资。"

李克强总理的考察，使联想之星得到众多媒体的争相报道。此后，联想之星迎来了各领域优秀人才的交流学习，正是在那时，有人和我说："周老师，你们做联想之星让人感到一种真实的使命感，不像很多跟风进来的创业培训机构，可能只是想捞一把。"听到这样的夸赞，我由衷地感到惭愧，虽然"推动科技成果产业化"是联想之星成立的初衷，但我们仍然还在探索的过程中，离最终的成功还有很长的路要走。

那时的我们只是单纯地认为，科技成果产业化是中国科技领域发展的必由之路，而要拓宽这条路，就需要无数科技创业者的践行。因此，我们经过深思熟虑，找到创业教育这条道路，并站在科技人才的角度进行充分考虑，形成一套完善的科技成果产业化的方案。在反复讨论确认后，我们走遍全国各地的科研院所，向科技人才一遍遍地阐述这套理念。

虽然一开始仍会受到很多人的质疑，但我在这样的演说中，却越来越自信，因为在与各地科技人才的深入沟通中，我也由此厘清一个问题——我们需要什么样的创业教育？

一间课堂、一张讲台、一位老师、一份PPT、一群学员，这些要素就构成了一堂创业教育课。但在创业教育模式的不断发展中，这些要素又不断被剥离、重组。究其根本，创业教育该如何定义？

联合国教科文组织是这样定义的："创业教育，从广义上来说是指培养具有开创性的个人，它对于拿薪水的人同样重要，因为用人机构或个人除了要求受雇者在事业上有所成就外，正在越来越重视受雇者的首创、冒险精神，创业和独立工作能力以及技术、社交、管理技能。"

"培养具有开创性的个人",这是联合国教科文组织的核心定义。而在我眼中,创业教育就是为创业者提供价值解决方案的教育活动。

(1)创业者,即创业的人。创业是一种探索性的行为,是人的创造性与主观性的综合体现。

(2)价值解决方案,即有价值的解决方案。所谓有价值,就必然是针对实际痛点和需求的,且可行、易操作。

(3)教育活动,指影响创业者身心发展的各类活动,其宗旨都是进行人的培养和训练。

从上述3个层面来看,创业教育的内核必然是关注人——创业者。

针对创业者提供价值解决方案的教育活动,必然需要关注创业者,关注他们的需求、解决他们的痛点、推动他们的发展。

但创业者又不同于"拿薪水的人",他们的需求和痛点同时也是其所创办企业的需求和痛点。所以创业教育活动的内核还包含着"企业孵化""企业服务"的实质,这是一个有着To C外表的To B业务。

创业教育的行业探索,也遵循着创业企业发展的基本逻辑:从用户开始,到产品,到市场,到团队和组织,最终实现可持续发展。

沿着这样的逻辑链条,我将通过后续8章的内容,对这些问题进行详细论述。

第 ❷ 章

创业教育模式千万种，为什么这么选

在创业教育的迅猛发展中，市场上涌现出各种各样的创业教育模式。创业教育机构的从业者作为这一新兴行业的开拓者，同样也扮演着创业者的角色，而对于创业来说，商业模式的确定则是创业者需要解决的基础问题。

创业教育的4个主流模式

只有在商业模式中找到差异化的定位,创业教育机构才能在市场中立足,其后续发展也才有迹可循,如图2-1所示。

图2-1 创业教育机构商业模式的确立

从2007年年底第一期AAMA"摇篮计划"推出至今,创业教育已走过十几个年头。在这十几年间,整个行业经历了双创浪潮,也走过了资本寒冬。经过从业者的不断探索与实践,形成了各种各样的商业模式。

虽然创业教育的受众都是创始人或联合创始人,但其模式却并不能一概而论为To C模式。分析创业教育机构的定位及其服务对象的特点,我们大致可以归纳为4种主要模式：

（1）面向企业需求的To B 模式。

（2）面向个体需求的To C 模式。

（3）面向政府需求的To G 模式。

（4）面向投资人需求的To VC 模式。

面向企业需求的To B 模式

企业一旦开始经营，就会遇到各种各样的问题。而解决这些问题的重任，自然就落在了创始人的身上。因此，解决创始人的问题，基本上就等同于解决企业的问题，这就是创业教育To B 模式的基础。

To B 模式下的创业教育的最显著的特点是它的内容随着企业的发展而改变。创业者和企业员工的工作性质不同，后者面对的是相对固定的工作职能，而创业者的工作职能需要时刻围绕内外部的变化而变化。

举例来说，一名开零售店铺的创业者，经过多年的努力，他做到了单店坪效的最大化并开始盈利，但随着电商的兴起，为了应对竞争，他要把店铺从线下迁到线上；经过反复的摸索，他的店在线下和线上同时存活了下来，而此时直播又出现了；最终他决定不做终端渠道了，基于多年积累下来的对消费者的理解，他决定向上游供应链迁移，他建立了工厂，但面临的问题是如何打造自己的品牌……在业务变化的同时，他的团队和组织也在不断演进，人数从几个人到几十人再到几百人，人员的分工从简单的店长和店员，到各种职能出现后的组织协同。

当创业者发现市场机遇或应对市场竞争时，他们会立即行动，以求快速领先或免遭淘汰。他们往往无法全面预见企业和自身将要面临的挑战，也没有"先培训、后上岗"的时间。

由于创业者对学习的需求并非源于其"主观爱好"，而是企业发展导致的"被动要求"，这使得创业教育和职业教育形成了巨大不同：职业教育以"具备从事某种职业的必要能力"为目标，而创业教育则以"解决企业经营中不断出现的问题"为目标。在时间上，前者是一种前置教育，而后者是应急教育；在效果上，前者强调知识和技能的完备性，后者更注重实用性。

几乎所有创业教育宣传中都带有对"实战性"的描述，无论是课程内容还是讲师背景。这正是因为，企业管理者在参与创业教育时通常带有明确的目的性，他们需要通过创业教育来解决当下的问题，这也是学员的主要学习动力。

正如我虽然已经从业十多年，但每过一段时间，我仍会学习很多课程，与讲师、学员进行交流，并阅读相关的书籍。这种行为并非完全源自我对学习的喜爱，而是为了进一步提高自己的工作质量。有时，即使讲师的课程内容一般，我也会注意观察课堂上的其他细节，比如授课方式、助教工作、茶歇安排等，寻找值得学习借鉴的地方。

不同行业、不同阶段的企业所面临的问题各不相同，创始人需要学习的内容也有不同，这是否意味着To B 的创业教育无法积累和沉淀任何内容，只能"按需而动"？事实上也没有那么绝对。从企业发展来看，企业在各个发展阶段遭遇的问题往往是共通的，如早期的模式探索、发展阶段的精细管理、成熟阶段的瓶颈突破……创业教育机构基于自己所面向的特定领域的受众，能总结出一套行之有效的思想体系和实战方法，并在培训期间，通过与每位企业管理者的充分交流，为其量身定制解决方案。

比如，联想之星在早期面向的主要是科技类企业，以"为客户提供产品"为基础业务模式，并沿着"技术—产品—商品"的路径，将课程内容展开。我们把企业的成长分为5个生命阶段，侧重CEO在各个阶段所面临的不同重点任务，强调CEO要把精力放在该阶段企业发展的重要环节上，在突出观念、意识、大方向的基础上，介绍经验和方法论，保留必要的管理模块和功能模块。根据以上指导思想和课程脉络，联想之星设计了为期一年、拥有25项核心内容的教学方案。

创办期：解决商业模式确定、股东选择、激励机制建设和团队组建等基本创业条件问题。在这个阶段，首先要明确的是对CEO角色的认知，明确企业一把手的"最终责任者"定位，强调要把企业利益放在第一位，要澄清自己究竟是做"科学家"还是要做"企业家"。创业者要有开放的胸怀，并做好经受磨砺的准备。

验证期：解决"做得出来"和"卖得出去"的问题。从科学家在实验室中能够做出来的几个"样品"，到能让成百上千的工人做出批量的一致性"产品"，转化中要关注的重点是什么？障碍在哪里？怎样找到客户，并使其参与产品设计、生产过程，打通价值链？

生存期：解决"卖得好"的问题，赢得战略性客户，形成竞争优势。此阶段强调经营意识和销售能力。"卖得好"就是在有人买的基础上，能赚到钱，而且能逐渐更多地赚钱。怎样从产品与客户的磨合中，不断提高质量、降低成本，在销售量和拥有灯塔客户等市场方面形成影响力和一定的号召力。

成长期：解决规模化生产和规模销售的问题，形成系统规范的运营能力。这个阶段要夯实基础、提高整体执行力。突出规模化生产所要求的高度一致性，强调企业必须具备的制度化、规范化的制造管理能力，研发、采购、生产、销售的系统运作能力，和对于规模化销售策略的选择、政策的制定及相应的销售管理能力。

扩张期：解决上市、融资等业务扩张的资源平台建设问题，并使企业进入战略管理阶段。在这个阶段，解决企业进一步做大所需的资金来源问题成为重点任务，CEO也需要具备相对长远、宏观的战略思想和驾驭能力，为更大规模的发展做好准备。

图2-2是联想之星基于对科技类创业企业的发展规律的理解，总结出的一套适合这些企业的创业者学习的培训体系和课程内容。

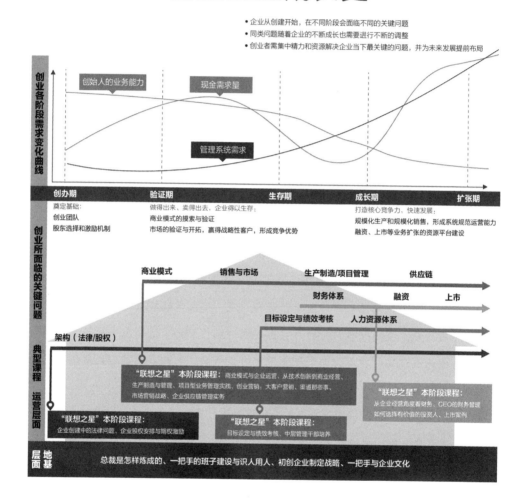

图2-2 联想之星基于对科技类创业企业发展规律的理解设计的课程体系

即便不沿着企业发展的轨迹进行设计,我们也依然可以找到一些贯穿企业生命周期的关键词,并围绕这个关键词搭建培训体系。比如混沌学园的李善友始终坚持以与创新相关的课程主题（从"颠覆式创新"到"第二曲线"的创新）为主，向各类企业管理者传递相关内容——因为"创新"是每家创业企业都需要具备的基本属性。

但面向企业的To B模式也存在发展难点，那就是因为同一个班上的企业不可能完全一样，以及每位创始人的背景和经验也有很大差别，学员对课程主题的需求、了解程度、理解思路都不尽相同，有的学员可能对讲师所述内容已经充分了解，而另一些人则一片茫然；有的人能以更开放的心态面对他人对自己的批判，而另一些人则固守在自己的原有思维中拒不接受他人的意见……这些都需要讲师能够真正做到因材施教，为学员提供丰富、多元的课程内容，而不是简单的"重播"。

面向个体需求的To C 模式

个体创业者并不是新鲜事物。早在改革开放之初，就有一批人或因国企改制、或因家庭经济情况、或因个人追求而"下海"经商。有一些人最终把小店铺做成了大公司，而更多的人则一直都是"个体工商户"，或者只能维持一个规模很小的"作坊式"企业。他们中很大一部分人甚至连像样的高中教育都没有经历过，更不用说拥有系统的商业知识。

互联网和移动互联网的发展和成熟，在不断降低人们自主创业的门槛。电商平台的出现，让人人可以成为在线商家；在线支付、快递物流、社交媒体等"新基础设施"的普及，降低了物品的交易成本；而图文、语音、视频等内容平台的流行，则让无形化的服务如个人的知识和技能有了定价变现的机会。

另一个推动个体创业者涌现的驱动力来自社会快速进入老龄化的趋势。《中华人民共和国国民经济和社会发展第十四个五年规划和2035年远景目标纲要》提出，我国将在未来五年之内，按照"小步调整、弹性实施、分类推进、统筹兼顾"等原则，逐步延迟法定退休年龄。但退休年龄的延迟并不等于个人能一直拥有工作，在职业技能快速更迭、工作节奏不断加快的职场竞争中，年龄往往是其中的一个重要因素。为了避免"未富先老",很多人开始考虑第二职业,还有由于各种因素失去工作却又难以找到新工作的中年人也不得不自谋出路。

无论是自主选择还是被动选择,大部分个体创业者都面临一个问题:在他们从小到大所接受的教育中,从未有过面向个体创业者的、系统性的知识和技能培训。

个体创业者往往通过过往的积累和学习掌握了一项技能、一类知识,但把个人才华展现给世人和将其商品化并实现经济利益最大化完全是两码事。后者还需要具备商业运营的知识与技能,它们包括:

(1)对用户的理解和产品化的能力:针对特定用户,把你的知识和技能转化成可批量复制的产品,使得你的"生意"可以持续经营。

(2)市场营销的能力:主要是对自我的包装与推广能力。

(3)高效工作的能力:制定合理的目标和有效的计划,高效地管理和运用自己的时间。

(4)基本的财务和法律知识:包括成本与收益的规划以及知识产权的保护,以应对可能发生的法律纠纷。

(5)小团队的管理能力:如果你的业务进展顺利,你可能需要雇佣助手来为你分担工作。

(6)谈判与沟通能力:帮助你与平台、供应商、客户之间建立互利的商务合作关系。

(7)个体创业者和企业领导人一样,同样面临着作为创业者要面临的压力、焦虑和孤独感,需要很强的自我调节、自我学习的能力等。

围绕个体创业者的培训一直都有,比如早年就有教人如何在淘宝开店的课程。更多的培训内容是随着微信公众号的兴起而出现的,微信公众号不再仅仅是企业的营销平台,还涌现出了一批知名且极具变现能力的个人账号,于是就出现了一批教人如何写爆款文章的课程。但针对个人创业者的培训内容的爆发,是在短视频、直播带货成为趋势以后。

但是这些内容，依然是以教授单项技能为主。在2020年担任行动派"从0到1创业课"的顾问时，我们发现大部分学员最感兴趣的话题首先集中在与营销相关的内容上，如个人IP的打造、私域流量等方面；其次是和资源、人脉有关的内容。

与To B 类型的需求相似，个人创业者最关注的问题也和业务息息相关，因为它直接关乎创业者"能否生存下去"。但业务问题会随着创业潮流的变化而变化，这就要求培训机构有很强的产品生产能力。

创业教育机构如果以To C 为主要模式，真正应该也值得积累的能力，是围绕个人创业者这一独特的群体，量身打造的系统且实用的体系。虽然针对企业的创业教育已经初步形成了的体系，但这并不完全适用于个人，因为目标不同。大部分针对企业的培训体系，依然是以融资、扩大规模为目标的。而对于大部分个体创业者来说，融资则显得过于遥远。对他们的服务，和针对早期项目的孵化器有点类似，除了培训，陪伴式的顾问、导师同样重要。

To C 模式下的另一个挑战是盈利模式的设计。大部分个体创业者无法支付高昂的学费，也无法通过换取股权的方式获利（其股权并不具备升值和退出的空间）。这反过来对机构的产品设计和定价造成影响，这是从业者必须要反复思考和摸索的。

面向政府需求的To G 模式

2012年6月，北京大学打造出创新创业人才培养平台——北京大学创业训练营（简称"北创营"）。汇聚了北大教育、研究、校友资源这些得天独厚的优势的同时，北创营坚持为创业者免费授课。

这对于创业者来说，是巨大的利好。但要让公司健康发展，也需要有可持续的收入来源，这就是北创营独特的面向政府的To G模式。

企业是中国创新的主体，民营企业更是中国经济增长的主要动力。《中国民营经济报告：2019》的数据显示，中国民营企业税收占比达到56.9%，发明专利占比超 75%。民营企业不仅撑起了中国经济的半壁江山，更是中国创新发展的重要的先行者。

政府肩负着企业创新、创业帮扶的重任，地方政府对创新创业工作的重视程度决定了地方创新创业局面的兴衰。因此，各地政府都在积极帮助企业搭建创新舞台。

然而，各地经济发展水平的差异，必然导致其对优秀企业家、杰出导师的吸引力存在差异。面对各地政府及地方企业日益突出的创新需求，北创营区域创新特训班则提供了解决方案。

事实上，若非北创营的推动，如俞敏洪、孙陶然、侯军这样的明星企业家或许不会到拉萨开班授课，与当地企业家探索符合西藏实际情况的产业双创与产业扶贫发展之路。

根据北创营区域创新特训班项目设计，该特训班采用"2+1"课程模式授课，即"2天创新管理课程+1次创新主题活动"，以拓展活动展开"破冰之旅"，并在丰富的创新管理课程后，邀请诸位企业家进行经验分享交流；期间又加入优秀企业观摩等活动，为当地企业量身定制适合地方特点的课程。

邀请优秀的企业家来传道授业，助力当地的创业者成长，仅仅是 To G 模式下政府需求的一方面。在宽泛的"鼓励创新创业、支持中小企业发展"的目的之中，地方政府更看重的是通过资本引进、资源整合、赋能加速等举措来带动本地重点产业的集聚和发展。其中包括区域型产业龙头企业的培育以及围绕龙头企业而发展起来的产业集群效应。

所以，面向政府需求的 To G 模式，创业培训只是其中的一个抓手。找到政府更深层次的需求，整合资源，服务地方产业，无论是对于全国性的创业教育机构还是对于区域性的创业培训机构，都是把业务做大做深的必由之路。为了做好这件事，除了对企业的理解，这些机构还需要拥有成熟的产业研究能力，掌握或能影响优秀的产业资源如人才、供应链、产学研体系等。

面向投资人需求的To VC 模式

2008年，当我们规划"联想之星创业CEO特训班"时，给第一期特训班设定的目标是：在特训班结束时，有七八家企业获得天使投资；在此后的1年中，这七八家企业中有一两家获得后续的风险投资。

"联想之星创业CEO特训班"第一期只有30名学员，其中有一半学员是从未成立过公司的科研人员，对于同样从未做过天使投资的团队来说，这个目标可能是过于乐观了。特训班第一期结束后，在2009—2010年间，有5位学员的科技项目获得了来自联想之星的投资，其中3家是成立新公司。10年过去了，有4家公司依然在健康运营，且持续获得后续融资。

联想之星开启了将"创业培训"与"天使投资"紧密结合的全新模式。此后，几乎所有的创业培训机构都会设立自己的早期投资基金，并且与外部投资机构紧密配合；而一些投资机构也开始设立自己的创业培训课程体系，如创新工场、经纬创投。

一方面，融资始终是创业企业的刚需。很多创业者辗转在各种创业圈或创业教育平台之间，其目的之一就在于寻找潜在的投资人。而从另一方面来看，如何在第一时间接触优质创业项目也是投资机构的刚需。而To VC 模式就是基于这样的需求而形成的。

在这种模式下，创业教育机构成了创业项目与投资机构的对接平台，创业教育的主要职能就是筛选并培育出优质创业项目，然后将其推荐给投资机构，为创业项目获取融资，进一步助推创业项目的成功，从而实现三方共赢。它为创业者和投资人之间搭建相互了解与交流的平台。名字中的"VC"是投资人的泛称，并不是狭义上的"Venture Capital"，即风险投资人。

对于投资机构而言，To VC 模式的价值主要体现在3个层面。

（1）通过创业教育机构直接且优先接触优秀创业项目，这对于天使投资人而言尤其重要。

（2）借助有影响力的创业教育机构，投资人得以扩大其个人影响力，进而拓展项目源、接触更多的创业项目。

（3）通过在创业教育机构授课，投资人可以获得创业者的认可，并在圈子里形成更好的口碑，从而在优质项目的争夺中占有优势。在更多资金向优质项目集中的当下，这一点同样十分重要。

To VC 模式的关键在于效率。对于创始人来说，要尽可能多见投资人；而对于投资人来说，则希望能见到尽可能多的好项目。对于创业培训机构来说，决定效率的因素有两个，一个是时间，一个是好项目的密度。

所谓时间，就是能够让投资人在最短的时间看到足够多的项目。对于投资人来说，时间就是宝贵的资产。优秀的投资人必须能够在很短的时间内判断一个项目是否值得进一步跟进，而对于那些明显不具备投资价值的项目，投资人是不会多花半分钟的。所以，大部分以投融资为核心价值的创业培训机构都会在毕业时设置类似Demo Day这样的环节（比如YC），或者在招生时就邀请投资人担任评委，这都是为了提高投资人的时间利用效率。

难点在于发现好项目。客观地说，能够获得投资人青睐的项目永远只占小比例。而且，即便项目质量普遍都不错，投资机构也倾向于选择同赛道中的优秀企业进行投资。互联网行业的赢家通吃现象，也在逐渐影响其他行业。选择最有潜力成为行业冠军的企业，才可能给投资人带来最大化的回报。所以，能否挖掘和吸引此类创业者，就是培训机构面临的最大的挑战。

2014年，险峰投资李黎与华兴资本李晶携手创办了小饭桌创业课堂（以下简称"小饭桌"）。与其他创业教育机构不同，小饭桌并不强调对创业者的陪伴式成长，而是要打造"创业者的第一堂课"。

作为早期投资人，李黎与李晶等创始人关注的创业者痛点就是对融资的不安全感：在渴望拿到投资的同时，创业者同样会担心自己陷入投资条款的陷阱，如回赎权、反稀释权、拖售权等概念，对于很多创业者而言更是宛如天书；与此同时，创业者渴望的不仅是融资，同样渴望拿到理想的估值，并了解创业的诀窍、寻找创业的同伴。

借助2014—2015年的移动互联网创业和天使投资浪潮，小饭桌以移动互联网的早期创业者为主要对象，针对他们急需拿到天使投资而对投资又不甚了解的需求，设计了时长不到一周的培训内容，投融资服务是其中最重要的板块。小饭桌要做的，就是在短的时间内聚集大量的创业者，帮助天使投资人快速筛选出优质项目。

创业教育商业模式的核心要素

创业教育是一个年轻的行业，巨大的行业潜力吸引了一批又一批的从业者，但多年以来，同样有一批又一批的从业者苦苦挣扎甚至黯然离场。正如每一位创业者必须面对的激烈竞争环境一样，如果创业教育从业者无法找到属于自己的差异化优势，只是随波逐流或盲目追"风口"，那当潮流退去、"风口"不再，就会被掩埋在历史的角落。

因此，基于创业教育的4个主流模式，创业教育机构必须依次确定创业教育商业模式的核心要素，根据表2-1所示的逻辑架构，紧扣客户价值定位，结合自身能力对课程体系、师资资源和营销渠道进行重构，从而建立起具有核心竞争力的独特商业模式，更好地迎接时代挑战。

表2-1 创业教育商业模式的核心要素

创业教育商业模式	客户价值定位	课程体系/师资资源	营销渠道
To B			
To C			
To G			
To VC			

商业模式的差异点

在确定创业教育的核心要素之前，我们首先要对商业模式这一概念有所认知。商业模式的基本含义可以简单理解为做生意的方法，它指导公司如何生存、发展和盈利。而商业模式设计的源头就是客户价值定位：你的客户是谁？他们的痛点是什么？你能提供什么样的解决方案？

基于这样的逻辑，我们看到面向企业、创业者的创业教育模式，也看到了将政府、投资机构作为客户的创业教育模式，我们又可以根据客户痛点打造各种服务模式。

作为创业教育的主流模式，To B、To C等商业模式定义了创业教育机构提供客户价值解决方案的基本思路。但创业教育是否只能被局限在这些商业模式之中呢？我们是否可以找到商业模式的差异点，建立自己的竞争优势？

要找到商业模式的差异点，我们并不需要天马行空的想象力，而是要紧抓客户价值，寻找解决方案。

资金是企业发展过程中的刚需。在很长一段时间里，中小企业都需要自己想办法筹集资金——或是通过漫长的经营积累资金，或是通过民间借贷——比如浙江的企业主通常会建立互助网络，通过创始人之间的相互担保和拆借来解决资金问题。企业只有发展到一定规模，有了稳定的利润且有可抵押的资产（通常是土地、厂房这样的不动产）之后，才能从银行获得商业贷款。

风险投资的出现缓解了这种状况，尤其是对于一些前期投入较大、短期内又无法产生正向现金流的创业企业来说，风险投资从根本上解决了企业在早期的生存问题，使得创业团队可以专注于企业的技术和产品研发，业务的探索也有了更大的试错空间。

因此，很多创业教育机构都把帮助学员获得投资作为很重要的服务内容。但创业教育与创业投资之间又有着明显的差异。

投资人的收益来自于企业成长带来的股权价值回报。对于他们来说，工作的核心是发现好的投资机会和优秀的创业团队。他们在市场中不断搜寻，对于那些没有投资价值的企业不屑一顾，而对于明星项目则一掷千金。

从某种程度上来讲，投资人就像是优秀的猎手，他们在森林中徘徊，要捕获珍奇的独角兽，不会在寻常可见的小动物身上浪费时间。

相比之下，创业教育则像是看护森林的守林人。他们的工作就是通过漫长而重复的劳作，帮助各种动物成长。其中大多是普通的动物，偶尔也会有奇珍异兽。

对于创业教育来说，即使学员都是经过层层筛选而来，仍然难以保证每个人的创业一定成功。而当学员在经过漫长的奋斗后真的创业成功时，创业教育在其中究竟又有多少功劳？这同样难以给予客观的量化评判。

基于创业教育与创业投资之间的这种巨大差异，是否能构建出差异化的商业模式呢？

仔细来看，创业教育与创业投资也有很多共通点：服务对象都是创业者，商业模式都是为创业者提供助力，商业目标则是创业者的创业成功……顺着这样的思路，"联想之星"创新性地将二者结合在一起，形成独特的创业教育模式：一方面为创业者提供免费的创业教育培训，另一方面则建立天使投资基金为创业者提供资金支持。

正是因为将创业投资纳入创业教育的商业模式，联想之星才敢于在相对早期就涉及某些投资风险较高的投资领域，如人工智能、高科技、医疗等行业。比如，2012年联想之星投资旷视科技时，这家公司的三个核心创始人都还在读研究生，其中，印奇（旷视科技CEO）更是远在美国求学。虽然项目非常不成熟，但联想之星却表现出了足够的耐心，能够在应用场景尚不明确的时候就进行投资，并和创始团队一起探索潜在的商业发展机会。

用户群体定位的差异化

中国经济的持续发展，使中国市场成为全球最具经济活力的市场之一，这里蕴藏着无数的创业机会，也造就了近年来此起彼伏的创业热潮。从21世纪初的互联网创业开始，到2014年的双创浪潮，直至今日，我们看到了太多的风口，看到了太多乘风而上的创业奇迹。

然而，作为面向创业者的服务提供者，创业教育从业者是否可以掌握所有风口，为各类型创业者提供创业教育服务呢？如果我们始终追随创业热点的改变，在O2O、社交、共享经济、短视频、直播、人工智能、物联网等领域不断切换，那我们也就放弃了用户群体定位的差异化。

或许部分创业教育从业者自信能够窥探每一个创业风口，但在这样的不断切换中，但凡有一次错失，就将失去一切。

作为"教育-成人教育"下的细分领域，创业教育企业就如其他行业的创业公司一样，会经历从兴起到泡沫、从成熟到变迁的发展过程，而在这样的过程中，只有坚持，才能最终做出属于自己的品牌。

用户群体定位的差异化，就是要找到创业教育机构实现持续发展的锚点——我们究竟为哪些用户提供创业教育服务。一旦我们确定了目标用户群体，我们就要将之作为锚点，并持续为目标用户的痛点提供解决方案。

牛文文在创办黑马学院之初，瞄准的就不是明星创业者，而是尚未崭露头角的、更为广大的中小企业主。正因如此，黑马学院成了下沉市场创业教育领域的开拓者。

这样的用户群体定位，成了黑马学院成为创业教育"黑马"的关键。在当时，优秀创业者几乎都集中在北上广深等一线城市，对于二三线城市的创业者来说，优秀的服务资源稀缺，当牛文文来到二三线城市时，就能迅速吸引当地的创业者。

从成功的概率来说，二三线的创业者很难创造出如一线城市优秀创业者那样的辉煌业绩。但我们是否就应该忽视这批怀抱创业理想的创业者呢？事实上，创业教育的核心价值，不就在于帮助创业者创造价值吗？

那么，通过覆盖更多的创业者，创业教育机构的价值也必将得以体现。也是因此，黑马学院赢得市场认可，成为中国创业教育行业的黑马，率先登陆创业板。

中国拥有巨大的创业市场，这个市场大到能够容纳各个领域、各个层次的创业人群，并为其提供相应的成功机遇。身处这样的市场环境，创业教育机构也无须一味追逐一线城市的创业精英，而要根据自身的资源优势，寻找合适的细分市场，为创业人群提供解决方案。

很多创业教育从业者一直为寻找差异化发展方向而苦恼。而要解决这个问题就要确定自己的用户群体定位，继而瞄准目标用户群体的痛点，不断提供合适的解决方案，在长久的坚持与探索中，这套解决方案也必将涵盖商业模式、营销招生、课程体系等诸多内容，构建起创业教育机构发展的核心竞争力。

学员（创始人）需求分类

创业教育始终要聚焦目标用户群体的痛点需求，但即使针对同一领域的创业者，其痛点需求也有所不同。在这种情况下，为了切实为学员提供创业支持，我们就要对学员需求进一步细分，以为其提供更具针对性的解决方案。

创始人需求主要分为以下3类。

1.融资需求

对于创业者而言，融资始终是其核心需求之一。

在融资方面，大部分创始人面临的第一个问题在于如何正确理解投资人的投资逻辑。最根本的不同，在于投资人以"企业价值"来决定是否投资，对于掌管基金的财务投资人来说，这个"企业价值"还需要增加"在一定期限内价值的增长幅度"这一限定条件。

而对于创始人来说，类似"利润""现金流"这样的财务指标才是衡量企业好坏的标准，且周期可以无限长。当然，利润和现金流也是评价企业价值的重要指标，但却不是绝对的。一家健康发展的盈利企业，未必是当下值得投资的企业，这是普遍存在的现象。

创业教育一方面要让创始人对投资人的思维模式有根本的认识，但同时也必须让创始人对自己企业发展的客观规律有所认识。违背了业务的实际规律，一味地迎合投资人的要求而去美化、包装公司，往往会把企业带入深渊。

但仅仅是教导创业者"什么是融资、怎样融资"，这其实还不能满足创业的融资需求。对于大部分创业者来说，更重要的融资痛点还在于融资渠道的匮乏。

如果一家创业教育机构能够承诺："每位学员在一年的学习过程中可以接触100位投资人。"即使这家创业教育机构从来不开设融资课程，它也能吸引大量创业者。

因此，针对学员的融资需求，我们或许不能直接为其提供融资支持，但我们却可以为他们提供融资渠道，通过Demo Day等形式，将学员的创业项目展示给更多的投资人。

2.心理需求

一项面向5000位创业者的调查显示：81%的创业者长期处于高压状态，67%的创业者每周工作超60小时，52%的创业者内心非常孤独焦虑，36%的创业者甚至觉得创业影响了他们的性生活，25%的创业者背负沉重的负罪感，17%的创业者有过轻生的念头。

创业者的心理压力由此可见一斑。心理问题成为很多创业者的隐疾，而面对这群"孤独的创业者"，创业教育机构可以关注其心理需求，为其排解心理压力。

但要明确的是，创业教育关注学员的心理需求，并非无谓地为其打鸡血、灌鸡汤，而是要真正理解创业者的心理压力，了解这些心理压力的来源，并提供可行的解决方案，或是引入有效的咨询渠道。

3.学习需求

很多创业者的创业起点可能只是一项技术、一种模式，其创业团队也只有三五个人。但随着创业项目的不断发展，团队规模也会不断扩大，随之而来的管理问题也将层出不穷。

根据我的经验，创业者的管理半径一般为50人。少于50人的创业公司，创业者大多可以进行扁平化管理，所有员工都直接向创业者汇报工作，创业者也有能力安排好所有工作。但当公司规模达到100人及以上时，再有能力的创业者，也再难有精力或时间进行直接管理，此时，职能分工、授权定责、绩效管理等都成为创业者必须要解决的问题。

那么，对于创业者而言，创业途中必然遇到的诸多问题该如何解决呢？他们必须持续学习、不断成长，而这就需要创业教育机构给予支持，满足创业者持续出现的学习需求。

事实上，很多创业者的失败都是共通的，同样的问题可能导致无数创业者缴纳高昂的"学费"，甚至就此一蹶不振。而创业教育在满足其学习需求时，还能为学员揭示其可能遭遇的难点，让创业者可以提前规避或有效应对。

上述3个需求在创始人群体中广泛存在。当然，针对不同成长阶段的创业公司，如早期阶段、发展阶段或成熟阶段，或针对不同类型的创业者，如草根创业者、互联网经营等，其需求又各有不同，创业教育机构需要据此进行深度细分，抓住目标用户群体的核心需求，并提供相应的解决方案。

课程体系与师资力量的差异化

如果把学员比作创业教育机构的产品，那么，产品出厂时能不能合格甚至达到优良水平，就取决于创业教育的课程体系与师资力量。

中欧创业营的一个突出特色就是堪称"互联网速度"的课程迭代速度，中欧创业营每个月都会对课程内容进行迭代，也会随时对课程进行调整，因此，很多时候在课程开课前一周，相应课程的讲者还处于空缺状态——只为了等待最合适的讲者。

与此同时，对于"思想特别新"的一类讲者，中欧创业营也敢于大胆引进。比如因为敢于谈性而被热议的情趣用品创业者马佳佳，当中欧创业营邀请她作为课程讲者时，她的第一版PPT（演示文稿）就被李善友退回重写，理由不是"太激进"，而是"太保守"。

"新"让中欧创业营的课程变得有血有肉，而《创新者的窘境》《精益创业》《定位》等理论书籍则构成了中欧创业营的课程骨架，二者结合形成一套快速迭代、持续创新的课程体系。与此同时，优秀导师如李善友、话题人物如马佳佳、优秀企业家如王小川则构成了中欧创业营强大的师资队伍，能够精准地将课程内容传递给学员。

但要注意的是，虽然我们总是强调中欧创业营与李善友的"新"，但这样的创新却并非凭空创造，而是基于李善友先后在百森商学院和斯坦福商学院的教学实践。这是两所美国创业教育领域顶尖的商学院，前者的培训涵盖了从创业到上市的所有实战技巧，后者则围绕创业精神为各个专业方向打造独特的创业课程。实战技巧与创业精神的结合，正是创业创新的基础，这也为中欧创业营的创新课程提供了扎实的内容基础。

课程体系与师资力量，就如传统生产企业的生产线，只有基于一条高质量的生产线，我们才能源源不断地生产出优质产品。但正如生产企业之间的生产能力的竞争一样，创业教育同样要在课程体系与师资力量方面实现差异化。

但要注意的是，差异化的课程体系或师资力量并非一味求新、求变。很多创业教育机构为了展现自身的创新性，其课程体系或讲者安排都紧跟市场热点：当互联网生态概念火爆时，贾跃亭是他们的座上宾；当共享经济风生水起时，他们就盛情邀请ofo创始人戴威讲课；当直播带货成为热点时，李佳琦又备受追捧……

然而，作为创业教育机构，创业者真正需要的课程内容是什么？我们要如何设计出满足创业者需求的课程？怎样的讲者才能将这些内容很好地传递给创业者？任何差异化的发展都应当基于这个逻辑原点，我们必须关注创业者的需求。

创业公司需要完善法务、财务、股权等管理体系，但这却并非早期创业者的核心需求。只有当创业者的创业之路趋于稳定时，这些内容才足够重要，而到那时，创业者也已经可以组建财务部门或邀请法务协助，为公司发展提供专业支撑。

创业者需要勇气作为支撑，却不需要心灵鸡汤类的创业教育课程。创业教育机构的课程体系与师资力量必须集中在知识的提供上，为创业者提供思路与方法，激发创业者的潜能，让创业公司建立并巩固自身的核心优势。

招生的差异化选择

无论采用何种商业模式，创业教育成功的根本仍然在于创业者。只有当我们招募到更多的优秀学员，我们的商业模式才能发挥作用并创造价值。但市场上的优秀学员就那么多，又分布在全国各地，我们要如何高效率地完成筛选呢？这其实就是招生的差异化选择。

联想之星最初的做法很简单也很有效，那就是通过政府寻找项目。因为联想之星初期的目标客户就是科技领域的创业者，而科技企业必然会向政府申报项目，以寻求免税、补贴等优惠政策，因此，政府拥有几乎所有科技企业的资料，通过政府来进行招生，当然也是简单而有效的方法。

然而，随着社会经济的发展，优秀的创业项目不再局限于科技领域，如互联网企业大多处于政府的视角盲区，甚至只是在出租屋、车库里就完成了创业，此时，我们又要如何发现优秀的创业者，并将他们吸引到我们的课堂上来呢？

前文曾经提到李善友在中欧创业营推出的众筹学费的招生方式，这正是一种招生的差异化选择。

中欧创业营高达25万元的学费，对于大多数创业者而言都堪称昂贵，但还是有很多创业者慕名而来。众筹学费则让创业者们拥有了学习的机会。

这种看似照顾"贫苦"创业者的招生方式，其实充分利用了正在崛起的社交网络的力量，让中欧创业营在创业者中的影响力快速扩大。

随着互联网时代的不断发展，社群的营销价值也逐渐凸显。人们不再只是因为地理、学校或职业因素而聚合，志同者因互联网而有了"道合"的可能，贴吧、论坛、微博、微信为社群的形成提供了平台；而当我们走入一个目标社群时，事实上就拥有了触及更多目标客户的机会。

因此，当创业者因筹集中欧创业营的学费而发起众筹时，事实上就是将中欧创业营推广到了他们的社群，引起同类创业者的好奇；而当这位创业者真的获得成功之后，当初的那份好奇也将转化为动力——他们想成为马佳佳的同学，也想了解黄太吉火爆的秘诀。

作为中欧创业营社群营销思路的延续者，中欧创业营也成为创业中"不太一样的一群"，他们自发形成了创业者社群，其社群价值也在众筹营销的推动下不断刷新峰值，直到李善友在课程表里加入"建立个人社群"的课题，社群营销终于成为一种成熟的差异化招生模式。

在这种模式的支撑下，李善友得以打造出混沌学园，并逐步实现"发现并陪伴1000个最好的创业者成长"的创业教育目标。

线下与线上服务

随着互联网时代的持续发展，众多传统业务模式纷纷向线上转变，从会场转移到网页乃至手机中，此时，根据目标受众的不同以及课程形式的差异，创业教育机构也需要明确线下服务模式与线上服务模式的差异，为学员提供合适的创业教育服务。

1.线下服务模式

纵观创业教育的发展历程，我们不难发现，大多数创业教育机构采取的都是传统的线下服务模式。对传统的固执坚守，似乎与创业者所需的"创新"格格不入，但线下服务模式之所以成为无数行业先锋的共同选择，正是源自创业教育的特征。

正如前文所说，创业教育是"教育-成人教育"的细分领域，而它的一个突出特征就是，学员都是成年人。而与青少年不同，成年人具有强烈的自我意识，体现在学习上，他们更倾向于自己决定学习的时间、内容和形式。

详细而言，二者在学习上的区别如表2-2所示。

表2-2 成年人与青少年在学习上的区别

项目	成年人	青少年
区别	独立	依赖他人
	成熟，讨厌被像孩子一样对待	不成熟，需要被督促
	会选择自己想学的	依赖老师决定他们需要学什么
	通常会自我指导，有责任心	期待别人告诉自己该做什么
	可能有固化思维，易于下定论或墨守成规	行为模式更加灵活

这就意味着，当创业教育机构在教授学员创业知识时，无法用"你应该学……"这样的话来要求对方学习，即便我们试图通过奖励或惩罚措施来改变对方的学习投入度，往往也是收效甚微。

有些企业内部通常也会组织培训，并借助行政命令甚至与考核挂钩的方式要求职员学习，但这样的学习效果大多也难以达到预期——职员或许都会坐在课堂里或在App上按时打卡，或许也会吸取到一些知识，但你却无法指望他们在工作中主动运用这些知识。

但从另一个角度来看，一旦对方决定要学习某些知识，则无须任何激励措施，就会产生很好的学习成果。

创业教育正是如此，学员们主动来到课堂上通常带有明确的目的，希望通过学习知识来解决现实中遇到的问题。但这种强烈的自我意识，也使得他们在课堂上表现得更加急功近利：我的员工不努力工作，我来学习如何激励员工，而你却在教授产品创新或者市场营销的内容，那我就不会认真听讲，甚至直接放弃学习。

面对这样独特的教育环境，线下服务模式成为主流的创业教育模式。因为在线下课堂上，机构、讲师或助教能够共同构建对学员的掌控力，从而维护课堂上的培训效果。

如阿里巴巴的浙江湖畔创业研学中心就与学员约定"上课期间不准使用手机"，并在课堂上建立了"手机停靠站"，这是一个挂在墙上的布兜，每位学员都必须将手机调成静音模式并放进写着自己名字的布兜里。

而要保持这样的控制力，线下服务模式就成为必然。有些创业教育机构会选择进行封闭式培训，有些创业教育机构则选择集体旅游培训……无论是哪种方式，其实都是为了将学员集中起来，以增强自身掌控力，让学员全身心地投入学习当中，从而强化培训效果。

2. 线上服务模式

在创业教育行业，线上服务模式早已出现，却一直未能成为主流模式，而只是一种辅助模式，其功能主要集中在课程回放、线上答疑、社群交流等环节。但在当下，在线教育的加速发展，却让线上服务模式的商业潜力逐渐凸显，使该模式在创业教育行业日渐普及。

对于教育而言，实行完全线上化的教育模式，就意味着放弃了对学员的掌控力。一个常见的现象就是：线上课程进行过半，留在屏幕前的学员已经不足三分之一；缺乏学员互动的课堂，最终变成讲师照本宣科的"独角戏"——学员掌控力与互动率下降，导致课程质量直线下降，学员留存率随之下降……在这样的恶性循环中，线上服务模式自然难以成为创业教育的主流商业模式。

其实，自2016年"直播元年"以来，教育直播平台就一直在推动在线教育的加速发展，讲师与学员通过直播实现互动；白板技术等技术的发展，也让在线教育的效率得到提升。众多从业者也由此开始探索创业教育的直播授课模式，然而，受制于在线教育本身的模式缺陷及创业者学员的自我意识，在线创业教育模式一直发展缓慢。

2020年，突如其来的新冠肺炎疫情使得线上服务模式急速发展。新冠肺炎疫情对整个教育行业带来的冲击，同样影响到创业教育行业。但相比于主要依靠线下业务的传统创业教育模式，线上服务模式受到的影响无疑相对较小，得以保持一定的增速，因而备受资本市场追捧。

相比于传统的线下服务模式，线上服务模式的突出特点就是：任何人在任何时间、任何地点，都可以从任何章节开始学习任何课程，讲师与学员之间则可以通过网络进行全方位的交流互动。

这使得线上服务模式得以覆盖更加广阔的创业人群，尤其是下沉市场的草根创业者。这部分创业者通常因为其成功概率较低或项目发展有限而被传统创业教育模式所忽视，而线上服务模式则可以让创业教育机构将优质课程批量销售给不同用户，从而获得巨大的盈利空间。

推动线上服务模式发展的另一个驱动力来自优秀师资的匮乏。能够为创业者授课的讲师，或者是成功的创业者、企业家，或者是优秀的投资人，这些嘉宾的课程往往供不应求。而且，由于这些人的主业并不是授课，因此他们能够用于教育创业的时间也极其有限。为了解决资源匮乏的问题，从K12教育中发展起来的"双师模式"也很快被创业教育所吸收。

所谓的"双师模式"，就是聘请名师上大课，而聘请名气一般的讲师来带领学员对课程内容进行复盘、练习。混沌创新院、陈春花的"知室"都采用了这种模式，解决了核心讲师授课时间不足的问题。

当然，不得不提的是，线上服务模式在技术、教学效果等方面仍然存在问题，尤其是网络卡顿、互动效果不佳等问题，影响了培训效果。

因此，借助在线教育的发展契机，我们当然可以拓展线上服务模式的边界，为更多用户提供更多的优质在线教育课程，但与此同时，我们也要认识到，单纯的在线教育仍然难以满足创业者的学习需求，在线上线下的不断融合中，我们则要积极探索适合创业教育行业的新玩法。

独到的盈利模式

创业教育机构虽带有公益属性，但同样也是商业组织，而商业组织的持续发展则依赖于利润的支撑。那么，考虑创业者群体的特殊属性，创业教育机构该如何设计自己的盈利模式，在支持创业者前行的同时，为自身的发展积蓄力量呢？纵观各大创业教育高手的实践结果，我们可以总结出3种主要的盈利模式，即直接收费模式、投资模式及第三方付费模式，其主要利弊如表2-3所示，本节将结合案例对此进行详细分析。

表2-3 创业教育机构的主要盈利模式及其主要利弊

主要盈利模式	利	弊
直接收费模式	拥有持续的现金流，高毛利	市场化竞争激烈，产品迭代快，客户选择多样，规模受限（师资）
投资模式	拥有可观的长期投资回报	短期现金流压力较大，以服务换股权面临客户接受度的考验，直接投资则需要另外募集基金
第三方付费模式	拥有年度收入保障（通常按照年度签署合同，一年200万~300万元）	项目制，要求多元化，依赖于关系

直接收费模式：向学员直接收取费用

向学员直接收取费用是创业教育的主流盈利模式，也是教育培训行业的传统盈利模式。简单而言，直接收费模式就是：学员通过付费获取创业教育服务，创业教育机构据此获得营收。创业教育机构也可设定一定的入学门槛对学员进行筛选，如学员企业营收规模、推荐人等。

简单的盈利模式，也可以为企业带来巨大盈利。据创业黑马（300688）2019年财报显示，其2019年全年营收为21276.07万元，其中，培训辅导业务收入达到13908.69万元，同比增长28.20%，占营收的比重为65.37%；核心业务实现毛利11959.53万元，同比增长50.36%。

但随着创业教育行业的不断发展，直接收费模式的利弊也逐渐凸显。

（1）优势。直接收费模式能够为创业教育机构带来持续的现金流，也能实现更高的毛利。

（2）弊端。在日趋激烈的市场竞争中，创业教育的产品迭代逐渐加快，学员的选择也变得更多，创业教育机构需要提供更具竞争力的教育服务；但与此同时，在这样的竞争中，优秀讲师也成为一种稀缺资源，创业教育机构通常因为师资队伍难以扩大而导致规模受限。

正是因为这样的利弊特点，直接收费模式也逐渐演变出一次性收取培训费用模式、咨询服务模式及社群式会员制模式3种模式，其利弊及模式设计又各不相同，我们需要对此进行具体分析，并找到合适的模式设计方法。

一次性收取培训费用模式

如中欧创业营、混沌学园、黑马学院、浙江湖畔创业研学中心等，采取的都是一次性收取培训费用的模式。正如传统的成人教育一样，一次性收取培训费用的盈利模式，可以看作是一种简单的通过产品售卖来盈利的模式，创业教育机构通过售卖课程来实现盈利。

1.利弊特征

一次性收取培训费用模式是创业教育的主流盈利模式,从众多从业者的探索实践来看,其利弊也十分明显。

(1)优势。一次性收取培训费用模式是一种直接的盈利模式。创业教育机构通过销售公司的课程来收取培训费用,其利润的计算公式可以简化为:利润=培训费用收入-课程组织成本-其他运营费用。

培训价值构成了创业教育机构的核心价值。因此,创业教育机构可以将精力集中在核心竞争力的提升上,通过打磨课程体系、优化师资力量,真正为创业者提供有价值的培训内容。

一旦形成这样的核心竞争力,我们的培训价值也将实现溢价,使创业教育的盈利空间得以扩大。优化课程内容、培训优秀创业者、扩大业内知名度、吸引优秀讲师、优化课程内容……在这样的良性循环中,创业教育机构也将实现可持续发展。

此外,一次性收取培训费用同样可以作为筛选学员的一种经济手段。

如黑马学院、中欧创业营的培训费用一般在20万元左右,浙江湖畔创业研学中心的课程学费更是高达30万~50万元。而在创业者人群中,这样的培训费用并非小数目,能够支付如此高昂培训费用的创业者,其企业大多已经具有一定规模或资源优势。

反之,收取较低培训费用的创业教育机构,则需要从其他方面对学员进行筛选,以维护平台价值;否则,缺乏筛选机制的创业教育机构的学员组成也会变得鱼龙混杂,进而影响培训效果。

(2)弊端。一次性收取培训费用的模式优势明显,但其弊端也同样明显——那就是培训价值和规模瓶颈的限制。

在一次性收取培训费用的盈利模式下,学员实际上是为创业教育机构的课程内容和师资力量付费,其中又以师资力量为重。因为课程内容可以复制,但讲师能力及讲师背景却无法复制，同样一堂"颠覆式创新"课程，李善友与"王善友"来讲，愿意付费的学员数量必然有天壤之别，我们能收取的培训费用同样相差甚远。

对于任何产品来说，更优秀的品牌作为一种无形价值，能为产品带来更大的溢价空间。创业教育也同样如此，课程价值是培训费用定价的基础，讲师与平台则构成了创业教育的品牌价值，而平台的品牌价值又源自课程与讲师的双重作用。

因此，师资队伍就成为这种盈利模式的核心盈利点。但在创业教育行业，优秀讲师却是一种稀缺资源。时至今日，真正由创业教育行业内部培育出来的优秀讲师其实很少，更常见的是邀请优秀企业家、投资人做讲师，这不仅是因为他们具有更丰富的实战经验，还因为他们具有更强的"明星效应"。

然而，对于创业教育行业而言，业内能够被邀请作为讲师的人物数量却十分有限。一方面，愿意走上讲台的人中，有的可能资历有限或名声不显；另一方面，资质足够的人物却不愿授课。与此同时，数量有限的创业教育讲师队伍同样处于变化当中。当曾经的明星企业家光环不在，投资人专注于投资管理时，我们又需要挖掘新的讲师进行授课。

受限于师资力量的规模，创业教育的规模发展自然容易陷入瓶颈。目前来看，一次性收取培训费用的盈利模式虽然常见，但采取该盈利模式的创业教育机构的年营收规模绝大多数都被限制在10亿元以下。

2.模式设计

一次性收取培训费用模式的核心就是创业教育机构提供的培训价值，因此，我们在设计盈利模式时就要抓住自身优势，找到我们能为学员提供的核心价值。

优质的讲师和内容是培训价值的重要组成部分，而其他如校友社群、产业资源、企业服务等要素也是培训价值的重要组成部分。因此，在设计一次性收取培训费用的盈利模式时，我们必须抓住自身的主要优势，并不断扩展，实现培训价值的整体提升。

如图2-3所示，对于大多数创业教育机构而言，要提高培训价值，首先要从课程价值着手，借助优质的课程内容或优秀的讲师队伍，形成公司的核心竞争力；在此基础上，才能进一步吸引优秀学员，并搭建起自己的校友社群，增加校友价值及品牌价值；价值的提升，推动了培训收入的增加，使我们可以拥抱更多的盈利空间，而此时，我们则又可以通过营销创新，吸引优秀讲师和优秀学员，实现螺旋向上的发展循环。

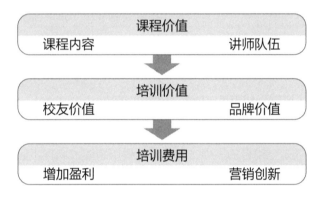

图2-3 一次性收取培训费用模式的设计

在这样的模式基础上，针对一次性收取培训费用模式的发展瓶颈，我们则可以借鉴混沌学园的模式设计，对培训课程进行改良。

混沌学园正在尝试建立"双师模式"：邀请优秀讲师进行授课并录像，学员入学后，则由"领教老师"带领学员观看录像学习，并引导学员进行线下讨论；与此同时，混沌学园每年也会邀请优秀讲师或嘉宾现场教学，与学员进行面对面的互动。

这种模式虽然能在一定程度上突破师资力量的规模限制，但同样会造成课程价值的下降。因此，创业教育机构在进行模式设计时可以灵活些，如要采取这种培训模式，一般需要控制培训费用，以维护培训课程的"性价比"。

需要注意的是，正如传统的产品售卖一样，我们要做的并不是最优质的产品，而是确保培训价值与培训费用相匹配，并从中挖掘出更大的盈利空间。

3.模式分析：中欧创业营（2013—2014年）

中欧创业营作为传统商学院的分支机构，在直接收费模式上具有丰富经验。而在不断的创新发展中，其模式设计也堪称典型。尤其是中欧创业营第三期培训课程，更是将该模式"玩"到了极致。

（1）培训费用收取模式。中欧创业营推出了众筹报名的营销方式，学员可以通过众筹的方式来筹集培训费用，而众筹成功的学员甚至能享受到额外的"小班课程"。

（2）讲师价值。中欧创业营拥有炙手可热的讲师李善友，更拥有中欧国际工商学院院长等师资力量作为支撑；与此同时，中欧创业营又能通过中欧国际工商学院院长的业界关系，邀请到诺奖得主、常青藤大学教授等嘉宾出席授课。

（3）课程价值。经过多年的教学实践，中欧国际工商学院院长已经总结出一套完善的创业培训课程体系，中欧创业营也因此能够为学员提供扎实的基础知识培训；与此同时，李善友等讲师的创新课程，也成为中欧创业营的明星课程。

（4）校友价值。中欧国际工商学院拥有阵容强大、组织活跃、遍布全球的校友精英网络，这就构成了中欧创业营的校友价值。

（5）品牌价值。中欧商学院自身的品牌，在讲师、课程、校友等诸多要素的共同作用下，在行业内拥有了更高的溢价能力。对于学员而言，这样的品牌同样能够为其赋能，使其在面对其他创业者或投资人时更具优势。

中欧创业营2020年的课程费用高达24.8万元，但正如中欧创业营介绍的那样，他们确实打造出了一个"高价值的创业者学习型组织"，这笔培训费用的性价比不言而喻。

对于那些通过众筹入学的学员而言，他们无须自己支付这笔培训费用，还可以通过众筹来验证自己的项目的可行性，寻找潜在的支持者，并在"小班课程"中获取更大的价值。

咨询服务模式

创业教育机构的讲师一般都是知名企业家、投资人或商学院教授，他们具有丰富的实战经验或理论知识，但与此同时，讲师对他们而言只是一份兼职，时间和精力的限制使得他们通常不会全程参与创业教育，这也是创业教育机构规模受限的直接原因。

但对于很多创业者而言，他们需要的不仅是一位能够调动激情的名师，而且是一位能够全程陪伴的专业顾问。基于这样的需求，针对创业者的咨询服务模式也逐渐发展起来。

他们的讲师或许不是最知名的，却是足够专业的；他们的服务或许不是最新的，却是全程陪伴的。学员则需要为每次的咨询服务付费，或以包年、季付的形式获取这种服务。

1. 利弊特征

咨询服务模式作为一种盈利模式，针对的是创业者对于专业顾问和创业伙伴的切实需求。当创业者选择咨询服务模式时通常都带有明确的问题，创业教育机构实际上则成为创业者的智囊团。

（1）优势。咨询服务模式是一种轻量化的运营模式，它同样是一种能够与线上服务模式充分结合的盈利模式。

在这种模式下，创业教育机构无须邀请知名企业家作为讲师，只需邀请足够专业的培训讲师或一线管理者，为创业者提供专业咨询服务即可。对于创业教育机构而言，这也能够为其削减大量的讲师成本。

与此同时，作为一种更具针对性、定制化的盈利模式，咨询服务模式完全可以实现"N对1"的服务模式，由多位专业讲师为一位创业者提供咨询服务。

事实上，很多时候，我们虽然能够邀请到知名企业家成为讲师，但其培训课程更多的却是为创业者提供一种精神支持或战略思路，而无法提供实用的战术技巧。原因很简单，如今的创业环境与他们创业时相比已经有天壤之别，他们当初的创业技巧如今可能已经不适用。

但专业讲师或一线管理者却不同，他们长期在行业一线进行研究或实操，因此，他们具有丰富的实战经验和理论基础。创业者当下遇到的管理问题，可能他们也是去年才找到解决方案；创业者遇到的专业问题，对于他们而言却可能只是基础问题。在这样的服务模式下，创业者可以快速获得行之有效的解决方案。

（2）弊端。咨询服务模式是从专业的角度为创业者提供解决方案，创业教育机构无须邀请诸多行业"大咖"，但这也意味着，创业教育机构要花更大的力气来说服创业者信任自身的专业能力——这也是咨询服务模式的核心弊端。

正如其他传统的咨询服务公司一样，或许讲师队伍足够专业，但却缺乏知名度。或许能够通过学员的口口相传实现口碑营销，但其传播速度和传播的范围也有很大的局限性。

而对于一种轻量化运营模式而言，如果无法快速吸引客户、建立规模优势，就很难实现盈利能力的快速增长。

2.模式设计

传统咨询服务模式的主要盈利点就在于咨询服务费，但在创业教育行业，咨询服务模式却可以与投资模式相结合，通过获取创业团队股权来扩大盈利空间。

如图2-4所示，咨询服务模式的设计可以从两方面着手。

图2-4 咨询服务模式的设计

（1）咨询服务。与传统的咨询服务盈利模式一样，创业教育机构可以根据专业程度和服务体验向学员收费，并为其提供实战技巧及其他咨询服务。为了延长现金流，创业教育机构可以推出"年卡""三年卡""终身卡"这样的长期服务，通过降低单位价格吸引并黏住学员。

（2）获取股权。采取咨询服务模式的创业教育机构通常被局限在某个创业者小圈子里，很难通过扩大用户规模来拓展盈利空间。此时可以为其提供更加全面且专业的服务，并凭此在创业项目中获得少量股权，进而在创业项目获得成功后获得股权收益。

很多创业公司的早期发展都离不开员工持股的激励模式，用远期利益换取当期价值的方案在创业领域十分常见。而当创业教育机构以咨询服务模式为创业者提供陪伴式成长服务时，获取适量的股权同样可以得到创业者的认可。

基于这部分股权，创业教育机构既可以在创业项目的后续融资中套现退出，也可以获取股权分红继续陪伴创业项目成长，直至创业公司发展壮大。

3.模式分析：缘创派

当缘创派于2015年获得360万美元A轮融资，并实现1亿元估值时，大多数人还未曾听说过这样一个公司。当时，缘创派作为一个互联网创业者的聚集社区，其注册用户不过十几万，确实只是一个"无名小卒"。

但高达1亿元的估值，却说明了缘创派的价值。缘创派当时只有一个功能——找创业合伙人。创业确实是一个需要极大勇气的决定，创业的启动也需要面临太多困难，创业者有时只有一个想法，想找到志同道合的人来交流，但大多数创业者却缺乏这样的圈子。缘创派则为此提供了一个特别的解决方案。

作为一个创业者社群，创业者可以在这里与其他创业者相互交流、互相激励，甚至由此成为创业合伙人。

很多创业者都曾经面临这样的困境：我有一个很好的想法，但我找不到技术合伙人，这个想法就无法落地；而一个技术人员如果只是在公司里工作，那也很难接触到创业机会。

"互联网的最大价值在于把人与人连接起来。"这句话很适合形容缘创派,因为缘创派不仅是将创业者连接起来,更是将创业者与技术、产品、运营、技术的合伙人连接起来,打造出一支真正具有战斗力的创业团队。

那么,在这个过程中,缘创派只是扮演中间人的角色吗?当然不仅如此。在不断的发展中,缘创派团队打造出"投缘帮","缘创派"则与"污衣派""净衣派"共同构成"投缘帮"的3个分支社群,分别承担创业者社群、创始人社群和投资人社群的职能。

比如在"污衣派"中,"投缘帮"就以"教练+陪练"的方式,直接扮演创业者的长期合伙人角色。而在这个创始人社群里,"污衣派"设置了由4位合伙人与30位投后团队的"超级合伙人"构成的"总舵",为创业者提供战略融资、技术产品、财务法务等专业咨询服务,并承诺提供7×24小时的在线答疑。

时至今日,"投缘帮"能够提供的咨询服务已经涵盖寻找合伙人、发布创业项目、融资上线、路演宣传、公开课、交流群等诸多项目,满足创业公司不同成长阶段的各种需求。在这样的全方位对接中,创业者与其他行业精英的连接也得以爆发出更大的价值。

社群式会员制模式

创业教育的一个重要职能就是打造创业者社群,将创业者与讲师、投资人等连接在一起,进而实现资源的有效对接,推动创业项目走向成功。

事实上,很多创业者参与创业教育课程的主要目的,就是建立人际关系。针对这一需求,社群式会员制模式也随之形成。与其他盈利模式不同,社群式会员制模式的核心就是创业社群,而创业者则通过付费成为会员加入社群,并获得社群内的各种资源。

1.利弊特征

社群式会员制模式主要针对的就是创业者的人脉需求。创业教育机构作为一个平台，为创业者提供与资源方建立连接的可能，在资源整合中创造更大的价值。

（1）优势。相比于咨询服务模式，社群式会员制模式是更"轻"的一种运营模式，而且是可以做到完全线上服务的模式。创业教育机构的主要职能就是打造出一个汇聚各方资源的社群，并做好社群关系和社群价值的维护，不断吸引创业者和高端人脉的加入。

随着社群里创业者的项目成功，他们也将成为社群价值的一部分，进而吸引更多创业者和高端人脉加入社群，形成社群价值提升的良性循环。

与此同时，与一次性收取培训费用、收取咨询服务费用等收费模式相比，社群会员的费用则更加低廉，通常不会对创业者造成经济负担。

（2）弊端。社群的一个特征就是人数较多，而这也就意味着社群无法为每位成员提供个性化的服务。会员能够享受的通常都是共有资源，会员必须根据自身需求挖掘出这些资源的价值。

因此，如果社群缺乏足够的组织能力，无法扮演好资源衔接的角色，会导致社群变成"一潭死水"，或只有少数活跃者，最终失去创业社群应有的价值。

2.模式设计

社群式会员制模式的盈利设计需要围绕社群价值和会员特权两个方面进行。社群能够为会员提供怎样的价值？会员如何分级，又分别享受怎样的价值？

社群式会员制模式的一个核心弊端就是个性化较弱，为此，我们就要对会员进行分级，甚至将非会员也纳入分级，如图2-5所示；通过建立完善的分级模式提供更具针对性的社群服务，以提升社群的个性化价值，并保持社群活力。

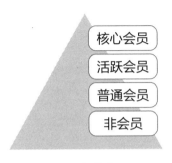

图2-5 会员分级

社群式会员制模式的设计,首先要能够为非会员提供一定价值,从而保持社群活力;在此基础上,则可以通过会员特权吸引非会员转化为会员;而对于会员群体,我们又可以将其分为普通会员、活跃会员、核心会员等不同级别。

随着社群规模的扩大,我们在会员分级的同时,还可以进一步进行需求分类,如表2-4所示,最终打造出不同级别的社群,更好地满足会员的个性化需求。

表2-4 会员分级与会员需求分类

会员分级	会员需求		
	社交需求	融资需求	学习需求
非会员			
普通会员			
活跃会员			
核心会员			

只有不断提升社群价值并保持社群活力,社群式会员制才能持续运转,并吸纳更多的会员和高端人脉进入,取得滚雪球式的发展。

3.模式分析：创业邦会员模式

创业邦的前身是创刊于2007年的《创业邦》杂志，如今，创业邦已经成为为创业者提供高价值资讯与服务的创业服务平台。

基于多年的从业经验，创业邦在创业领域拥有丰富的人际关系，特别是在媒体互动、创业孵化、融资服务等诸多领域。因此，创业邦推出了创业邦星际会社群，为社群成员提供多样化的创业服务。

创业邦星际会的权益包含"邦讲座""邦社群""邦融资""邦顾问"以及自由选课、会员通讯录、在线投BP、需求看板等。而加入创业邦星际会的费用为2998元每年。

针对不同的社群成员，创业邦也为其提供不同的服务特权，如表2-5所示。

表2-5 创业邦成员服务特权对比

服务特权	产业会员	基础会员	非会员
BP云诊断	√	√	×
融资对接会	4次/年	×	×
超级线下课	4次/年	×	×
自选知识	12门/年	8门/年	×
社区服务	√	√	×
线下活动入场券	免费-专属座位	免费	付费
会员免费听书	√	√	×
会员免费课程	全部VIP免费课程	VIP免费课程	×
在线投BP	√	√	×
会员花名册	√	√	×
会员购买优惠	√	√	×
尊贵身份标识	√	√	×

特权是吸引非成员加入社群会员的直接手段，但其中的关键在于特权的实际价值。如果没有这种价值作为支撑，社群运营或会员招募也将无从谈起。

投资模式：占有股权，长期获益

创业投资早已成为一种成熟的商业模式，当同样服务于创业者的创业投资与创业教育相结合时，就形成了一种特别的创业教育盈利模式——投资模式。

在投资模式下，创业教育机构实际上成为投资机构的"项目池"，创业教育机构的活动其实都是为了在这个池子里寻找"潜力股"，进而进行投资并获取最终的投资回报。

如联想之星、小饭桌（早期）等机构，他们采取的都是免费模式，学员无须缴纳任何费用即可入学，而机构的盈利来源则是对优质项目进行股权投资的回报。

此外，创业教育机构也可以通过提供各种支持服务来换得少量股权，如前文所说的咨询服务，或是更直接的财务投资、资源赋能。

1.投资模式的利弊

为创业者提供价值的共通点，是创业教育与创业投资的结合基础。二者的创新性结合，使得创业教育机构能够在满足创业者培训需求的同时，进一步满足其融资需求。但从实践来看，投资模式同样有利有弊。

（1）优势。投资模式的最大优势在于可以获得创业教育成功带来的果实——培育优秀的创业者，实现企业价值的爆发式增长，并通过占有股权来分享这种价值增长的收益。

早期投资的投资成本通常较低，我们只需投入100万~300万元的资金，即可为创业项目提供足够的资金支持。而一旦创业项目成功上市，早期投资就能实现数十倍甚至上百倍的回报。

（2）弊端。正如前文所说，在面对创业者时，创业教育就如辛勤耕耘的守林人,而创业投资则如同寻找猎物的猎人,当二者结合在一起时,则必然在角色定位上产生分裂——创业教育需要耐心培育创业者,创业投资则是果断筛选创业者。

从投资的角度来看,投资人很忌讳的一点就是"和项目谈恋爱"。一旦投资人与创业者产生这种联系,投资人就可能失去客观判断,进而在后续的投资中陷入亏损。投资需要的就是理性和效率,通过客观判断快速筛选,并将精力投入值得投资的项目中去。

而对于创业教育而言,作为教育者本身就应当摒弃功利心,为创业者提供扶持。在一个由40位学员构成的班级中,我们可能只需一周就能判定值得投资的不过10位学员,那剩下的30位学员怎么办呢?是继续培训,还是直接放弃?这些问题都可能导致创业教育机构受到学员质疑,以服务换股权的方式也面临学员接受度的考验。

创业投资需要理性与效率,在快速筛选后果断抛弃或投资;创业教育则需要耐心与坚持,在细心培育中推动创业者成长,这实际上就形成了一个悖论。与此同时,创业投资通常每年需要在300多个项目中快速筛选,而创业教育一般只能维持一年40位学员的较小规模,这又形成一种冲突,也对创业教育机构筛选项目的能力提出了更高的挑战。

这种悖论、冲突或角色分裂,就构成了投资模式的核心弊端。如果创业教育机构不能妥善处理二者的关系,不仅无法实现两种模式的协同运作,反而会造成内部消耗甚至产生内部矛盾。

与此同时,作为早期投资人,通常要到下一轮融资进入时,才有套现退出的机会。这意味着,在短期内机构需要承担现金流持续为负的压力,在中长期,也面临着投资风险。

2.投资模式的设计

基于早期参与获取高额投资回报这样的思路,在进行投资模式的设计时,我们就必须以创业投资为核心,但与此同时,作为创业教育机构,我们又不能忽视创业教育的效果。

因此，投资模式的设计就需要双管齐下，如图2-6所示。

```
创业教育    创业投资
培训孵化    项目筛选
社群运营    投资回报
```

图2-6 投资模式的设计

采用投资模式的创业教育机构，为了避免出现角色定位的冲突，通常在内部建立两个相互独立的部门，分管创业教育和创业投资业务，每个部门只需专注分管业务的发展即可。

创业教育团队负责为学员提供相应的课程培训，在为创业者提供创业所需的知识培训的同时，还要关注创业者社群的培育。基于这样的创业者社群，我们就能构建起一个覆盖更加广阔的创业池，从而突破创业教育的学员规模局限，找到更多的创业项目。

创业投资团队则要秉持专业、客观的职业理念，坚持从创业投资的角度筛选合适的创业项目，切忌因为创业教育学员的身份而对其另眼相看；如果在学员内部确实没有合适的投资机会，创业投资团队也可以从外部寻找创业项目进行投资。

在这种职能分工的前提下，一旦公司发现学员中有优质的创业项目，两个团队则要快速形成合力，利用各种资源推动创业项目快速走向成功，进而获取投资回报。

3.模式分析：亿万学院

亿万学院虽然直至2018年10月才宣布成立，但因为经纬创投的背景，亿万学院一经成立就备受市场瞩目。基于创业教育行业的多年实践，亿万学院瞄准"最优秀的早期创始人"开创了一套完整的投资模式。

与小饭桌这种追求效率的模式不同，亿万学院通过长达6个月的时间，给予创业者切实的创业培训，并在此基础上进行创业投资。

以下是亿万学院的课程安排：

第1~3个月为"学习月"，亿万学院通过这3个月的时间为学员提供正式的学习与讨论，学习时间为每月的一个周末；

第4个月为"出行月"，亿万学院将带着学员前往一些特别的场景，如野外生存、山地越野、实验室等，让不同的学员进行经验交流和相互学习；

第5个月为"问题诊断+解决月"，亿万学院利用自身经验帮助学员剖析其遇到的问题，并邀请经纬创投的专业合作机构，为学员的问题提供专业的咨询与解答，形成完善的解决方案；

第6个月为"合作月"，亿万学院将通过贸促会的形式，推动学员之间以及学员与大客户、上下游公司等进行交流合作。

从亿万学院的课程安排就可以看出，亿万学院不仅是为了寻找投资项目而设立的创业池，而是真正聚焦创业者痛点，为创业者提供综合解决方案的创业教育平台。

正如经纬创投张颖在亿万学院的宣传片中所说，"创业现在进入了深水区，创业越来越难，对创始人的要求越来越全面。"在这种创业环境下，即使是以投资模式为主要盈利模式的创业教育机构，也要切实做好创业者的培育工作。

第三方付费模式：获得政府、公益机构等第三方的支持

自2005年创立以来，YC总是被称为"硅谷最伟大的创业孵化器"，甚至得到"硅谷唯一一家孵化器"的盛誉。迄今为止，YC已经为超过1900家创业公司提供孵化服务，这些创业公司的总估值也已超过1000亿美元，其中不乏爱彼迎（Airbnb）、多宝箱（Dropbox）这样的超级独角兽企业。

经过多年的发展，YC已经打造出一个正向闭环的"孵化王国"；而在这十余年间，孵化器对于创业者的支持效能已经得到验证，这群创业者为社会经济发展注入的

活力也得到重视，越来越多的政府机构、大型企业或公益机构都开始支持孵化器模式的发展，希望借此培育出更多优秀创业者，为社会经济发展做出更多贡献。

我国的孵化器模式同样处于快速发展中，仅2017年，我国新增孵化器就达到5000多家，随着各地政府的重视、各大创业教育机构的加入，各种环境优美、装修新颖的创客空间也为创业者敞开了大门。

在孵化器规模的急剧扩大中，创业教育机构作为赋能创业者的专业机构，也成为以政府为主的第三方机构的首选，成为连接第三方支持力量和优秀创业者的重要桥梁。

正是因为这样的时代背景，第三方付费模式也成为创业教育机构的重要盈利模式，其中，政府也因其负有企业创新、创业帮扶的重任而成为第三方付费的主要力量。

1. 利弊特征

与其他创业教育机构盈利模式不同的是，第三方付费模式的主要盈利来源并非学员，而是以政府为主的第三方机构。这就意味着，第三方付费模式下的创业教育机构除了要满足创始人的需求，还必须考虑第三方的需求。

（1）优势。第三方付费模式依托于政府等第三方机构的支持，而在这种合作模式下，第三方机构通常会采取年度合同的形式与创业教育机构合作，因此，创业教育机构的年度收入可以得到极大保障，一般年收入为200万~300万元。

从政府需求来看，在借助创业教育机构优化本地企业，为地方经济注入活力时，创业教育机构可以选择的切入点也更加丰富。

①基础服务，替代或协助企业完善必要的基础职能，如办公、行政、法律、工商、人事等。

②增值服务，推动创业团队的验证、生存和快速发展，如资金、人才、咨询、资源、技术、政府关系、国际化。

基础服务和增值服务都可以成为第三方付费模式的盈利核心，而盈利核心的确立，一方面取决于机构自身的资源和能力，另一方面也取决于付费方的独特诉求。只有拥有明确的业务着力点，才能在行业竞争中树立品牌优势，赢得政府认可，在多地拓展服务，为当地政府提供孵化器服务。

（2）弊端。第三方与创业教育机构的合作通常采取项目制的合作方式，由于政府机构的特殊性，对方在采购服务时往往需要遵循多元化的原则，不能与单一机构建立广泛合作，以免出现风险。

因此，创业教育机构想要拿到政府机构的订单，必须充分展现自身孵化优秀创业项目的杰出能力。

然而，由于我国区域经济发展仍有较大差异，部分城市的创新活力并不像一线城市一般活跃，创业市场上真正拥有创新能力的企业仍是少数。

毋庸置疑，各地商业市场存在很多的"蛮荒之地"，相比于原创，速度反而更为重要。正是因此，最佳实践（Best Practice，BP）的思路反而更为常见，创业者热衷于追随别人已经验证过的道路，认为这是通向成功的安全捷径，但事实却并非如此——盲目的模仿只会增加失败的可能。

与之相对的，当创业教育机构面对的项目堪称雷同时，我们又要如何立足于当地政府的需求，从中筛选出真正具有发展潜力的创业项目呢？

从另一个角度来看，如果创业者都无法认清自身，找到适合自己的发展模式，我们又要如何为其提供更具针对性的服务呢？

对于创业者而言，第三方付费模式的创业教育很大程度上可以看作一种公共服务，因为在为创业者提供服务时，通过与政府等第三方机构的合作，我们或许会提供培训甚至资金、人脉等诸多支持，但能够孵化出成功项目的可能性却较低；而当孵化成功率低于市场预期时，孵化器的市场价值也随之降低，我们不仅无法获得创业项目成功的回报，更可能失去政府等第三方机构的合作支持。

2.模式设计

在政府等第三方的支持下，创业教育机构能为创业者提供更多支持，真正推动创业项目实现从0到1的升华。为了应对第三方对多元化的要求，创业教育机构则可以面向创业项目发展中的诸多痛点，在盈利模式设计中挖掘更多着手点。

因此，即使有第三方付费，创业教育机构仍然要立足于孵化器的角色核心，基于创业项目各阶段的发展需求，如图2-7所示，为其提供更具针对性的支持。

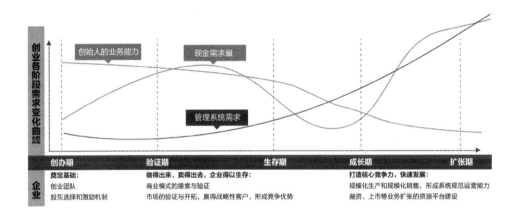

图2-7 创业各阶段需求变化曲线

创业项目可以分为创办期、验证期、生存期、成长期、扩张期等5个阶段，每一阶段的发展需求又各有不同。无论在哪个阶段，针对早期企业的孵化与加速服务，都要坚持"事为先，人为重"的原则。

当我们可以为企业提供有效的孵化与加速服务时，创业教育机构就可以走向服务平台化、资源整合化的发展道路，在赢得更多地方政府认可的同时，接触更多的盈利点。但在此过程中，我们也要注意突出自身特色的核心服务，以免陷入规模经济的陷阱。

一般而言，第三方付费模式的核心服务可以围绕产业扶持和企业经营管理水平的提升两条线着手打造。

（1）产业扶持：大部分区域都有政府要重点扶持的产业方向，围绕区域重点、特色产业，通过引入独特的产业知识、资源和人才，帮助区域产业链的发展，在这个过程中扶持当地企业发展。

（2）企业经营管理水平的提升：围绕企业发展周期，打造适合中小企业和高成长企业所需要的内容，如商业模式、商业运营、管理能力、企业文化/人才梯队建设、长期发展的竞争力等。

基于上述核心特色服务，第三方付费模式可以拓展的盈利点主要如图2-8所示。

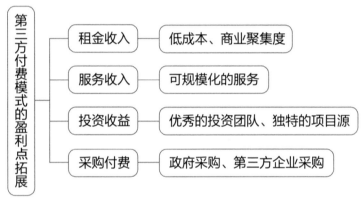

图2-8　第三方付费模式的盈利点拓展

第三方付费模式的盈利设计可以从租金收入、服务收入、投资收益、采购付费等4个方面着手，在设计过程中，我们一定要注意遵循简洁直接的设计原则，尽量保证盈利模式的可复制性，以实现平台化发展。

3.模式分析：北京大学创业训练营

在讨论面向政府的To G 模式时，我们就曾论述过北京大学创业训练营（以下简称"北创营"）的商业模式，而针对政府推动企业创新、创业帮扶的重任，北创营在发展孵化器模式时，也建立了围绕政府采购付费的盈利模式。

基于北京大学和政府支持的优势，北创营孵化器集科技成果转化、企业孵化辅导、创业金融服务于一体，成为帮助创业者连接各类社会资源的重要阵地，并建立起一个内涵丰富的生态系统，如图2-9所示。

图2-9 北创营孵化器的生态系统

北创营孵化器为创业项目提供了3个月的孵化器，并为其提供来自北大、名企的优秀导师，以及种子基金投资、第三方服务包（价值10万元）以及一对一辅导和培训服务。

相比如此丰富的孵化服务，北创营的孵化项目筛选条件却很清晰：消费升级、大健康、文创、文娱领域，处于种子期及天使期的项目，核心团队成员2~4人，项目有一定的技术先进性。

毫无疑问，孵化项目所能带来的营业收入远远无法覆盖北创营提供的服务成本，而北创营之所以能够如此支持孵化项目发展，正是因为政府采购付费的盈利模式的支撑。

在政府基金的支持下，北创营可以加大投入来增强孵化效果；与之相对的，如此强大的资源支持，也使得北创营的孵化成功率随之提升，并赢得更多地方政府或第三方企业的认可，从而将更多的资源纳入北创营生态系统当中……

因此，我们在发展孵化器模式时，其实无须过于关注短期的盈利水平，而要关注孵化效果的提升。当我们确实能够为项目提供有效的加速和孵化服务时，孵化器模式的盈利点也将逐渐显现。

第❸章

认识创业者

创业者是一群要奔日子的人,一群愿意做大树的人。这样的人实现了一个目标就会去追求更高的目标,然后坚定不移地去实现它。

创业需要团队,但创业者更是"孤胆英雄",当企业遇到困难的时候,需要这些人来承担责任,他们顶得住,团队就能顶得住。不管遇到多少困难,只要领头人熬得住、不崩溃、想出办法,像战旗一样屹立在阵地上,队伍就会聚拢在一起,向前冲锋。

识人之难

什么样的人创业更容易获得成功？这是投资人、商学院教授一直在苦苦探寻的问题。而对于创业教育机构来说，找到创业者的"成功基因"，一方面有利于其组织有效的内容来帮助更多创始人成功，另一方面也有助于其尽早发现更有潜力的创始人，实现其商业模式中与资本相关的盈利机会。但人是复杂的个体，而创业者因为承载了不同的角色，更显得与众不同。简单地把成功归因于某个方面固不可取，但若方方面面都要考虑，则会抓不住重点，最终落入"不可知论"的陷阱。

本章将分析创业者所承担的不同角色，讨论其所面临的不同挑战，并试图以此为主要逻辑对创业者这个群体进行分析，帮助读者更全面地理解创业者。

人本身就难以被正确认知

看清一个人，或者说认识一个人并非易事。在想尽方法认识创业者之前，创业教育机构首先要认识到，人本身就是很难被正确认知的，其中的原因主要有3个。

1.人的表象与内在本质的矛盾

所谓"周公恐惧流言日，王莽谦恭未篡时。向使当初身便死，一生真伪复谁知？"人的表象通常因时代、社会、所处环境及相处对象而不同，在这种复杂的表象下，我们想要认识人的内在本质自然千难万难。

2.人都处于发展变化的过程中

即使能看透人的内在本质，但人的内在本质同样会发生变化。少存大志的人，总是难以被人理解；但有些轻言大志的人，却又容易被人高估；同样有些人少无大志，但到年长时却能成就一番伟业。

3.人在关键时刻会爆发出异常表现

无论平常表现如何，但在关键时刻，尤其是危难时刻，人们却会有异于平常的表现。有些平时给我们留下良好印象的人，在关键时刻的表现却可能令人失望；而有些平时看似普通的人，却可能在危难时刻爆发出惊人的勇气和力量。

创业者更加复杂

基于人与生俱来的复杂性，创业教育机构要认识创业者则更是难上加难，主要表现在4个方面。

1.单一的认识方式

与一般的人际相处不同，创业教育机构不可能与创业者保持长期的亲密接触，我们认识创业者的方式通常较为单一，那就是访谈。但我们也知道，即使是对同一件事，不同的人基于不同的视角也会给出不同的阐述。

因此，通过访谈这种单一的认识方式，当访谈对象的用词或语调稍有差异时，我们对创业者的认识和判断就可能受到影响，导致"兼听不明"的现象出现。

2.明确的目的性

无论是创业教育机构，还是投资机构，在认识创业者时都带有明确的目的性，而我们的认识对象——创业者对此也十分清楚。正是因此，在相处的过程中，他们必然会对自己进行包装，或对某些情况进行掩饰，而这会影响我们的判断。

与此同时，较短的认识时间以及缺乏经验的从业人员，也使创业教育机构难以排除这些假象的干扰。

3.创业者的特殊性

与常人不同，创业者原本就是一个特殊的人群，创业教育机构想要认识这一特殊人群则更加困难。很多创业教育机构会套用选拔人才或高管的思路，建立一套理想的标准，这就容易犯"教条主义"的错误。

过去，很多创业教育机构都倾向于用极高的标准去衡量创业者学员，希望培育出杰出甚至是传奇的创业者。然而，创业教育机构要培育的只是一般意义上的成功者，他们并不一定要做出多大的成绩，毕竟，能成就大事者只是少数。

在认识创业者时，我们要明白，任何一套标准其实都难以对创业者进行精确衡量，尤其是当我们想要通过一把米尺来衡量长度只有几厘米的物体时，大多数情况下，我们得出的结论也只是"不足一米"而已。

创业教育机构当然能够轻松地辨别那些难以做出大成就的创业者，但如果以一般成功者为目标，我们就需要采用刻度更小的尺子，尽可能精准地测量，而这又增加了我们认识创业者的难度。

4.集体讨论的判断方法

创业教育机构在对创业者进行判断时，通常采用集体讨论会的形式。即使我们自认为是在客观地描述，但评判者对这段描述的认知却可能各不相同。

比如当我们形容创业者"公平"时，讨论会上的每个人对"公平"的内涵都有不同的理解，与此同时，他们对于"公平"在创业项目中的重要程度的认知同样不同，有些人会将"公平"看作必备要素，而有些人对此则不以为然。

在这样的讨论与判断中，由于参与者的组成与认知不同，其形成的结果自然会天差地别。在讨论与妥协中，我们对创业者的认识也可能趋向平庸；在互补妥协的认知对抗中，我们则难以对创业者做出结论性的判断。

当我们甚至难以对创业者做出准确的静态判断时，也就更加难以考虑到创业者发展变化的特性，容易忽视那些未来对创业者有重大影响的因素。

创业者的基本角色

创业教育机构想要做好创业教育服务,就必须对创业者群体有更加深入的认知,从而在这样的认知基础上逐渐形成妥善的方法和步骤,对创业者进行深入考察,进而设计出有效的服务模式。而这一切的前提就是明确创业者的基本角色,本节就将对创业者的基本角色进行分解与剖析。

创业者的基本角色框架

创业者究竟是怎样的一类角色?这个问题的答案可能有很多:创始人、领头羊、经营管理者、创新者……在这些复杂的答案中,创业教育机构很容易陷入迷惑,因此,我们就必须剥离掉各种概念,建立起创业者的基本角色框架。

关于创业者的基本角色框架,我将之归纳为图3-1。

图3-1 创业者的基本角色框架

简单而言,创业者作为一个综合的角色,其中包含了狭义的创业者,也包含了领导者和经营者。创业者是这3类角色的综合,而在其中,我们也要认识到,创业者身上通常有浓重的个人英雄主义情结,这是创业者区别于普通人的一个特殊价值观。

当然,正如每一个社会人或企业人一样,创业者还需要扮演社会贤达、客户、朋友、父亲(母亲)、融资者等角色。这些复杂的角色同样会与其核心的3种角色发生关联或冲突,进而影响创业者的角色属性。

关于"个人英雄主义"

哈佛商学院心理学教授亚伯拉罕·扎莱兹尼克(Abraham Zaleznik)在《管理人才和领袖人物是不同类型的人吗?》中指出:"在研究领导人物是如何形成的这个问题时,我们考察了两种不同的人生历程:其一,通过社会化使自己具备条件来领导各种组织机构并维持现有社会关系的平衡,以此来实现自我发展;其二,通过个人的优势求发展,这就迫使个人去为改变自己的心理和客观社会而奋斗。社会通过第一条发展轨迹产生管理人才,而领袖人物则通过第二条轨迹涌现出来。"

这段话描述的两种不同历程,其实就是职业经理人和创业者心态的典型区别。

创业者作为一类特殊群体，其个人价值观本身就具有特殊性，他们的核心价值观往往表现出3个特点。

（1）有强烈的塑造新事物的愿望，并付诸行动。

（2）能够强迫自己适应并改变周围环境，且有强烈动机。

（3）动机和愿望都是自我的，而非外界权威赋予的。

正是基于上述3个特点，创业者往往以自我为中心，具有高度的自信并坚持目标不动摇，这也是创业者的决断力的源泉。而与之相对的，在对外合作中，极度以自我为中心的人既难以得到他人认可，也无法与他人建立良好的合作关系，这又会妨害创业者目标的实现，因此，创业者又具有高度的抑制力。

在这样特殊的价值观下，创业者不能被太多客观条件所束缚，但这些客观条件虽然可能被减少或弱化，但却不可能消除。因此，成功的创业者又必须具备适应环境的能力，并在适应环境中改造自我、改变环境。这是创业者塑造新价值的必然环节，需要创业者能够在理智与狂热中找到平衡点，正视客观条件的存在，能以极强的动机和有效的行动做出妥善应对。

个人英雄主义色彩与组织化的强烈对抗，造就了很多创业者身处各种矛盾关系和心理考验中。

1. 成就动机与独占意识

成就动机是指试图追求并达到目标的一种驱动力。在这一动机下，人的奋斗目标就是成就本身，而非随之而来的物质报酬；而对于创业者而言，他们创办的企业则是成就的具体载体，他们追求的是企业在不断发展中获得的市场地位和荣誉，或是做成一个产品、做到一定规模。

事实上，在很多情况下，创业者塑造的企业都是其个人价值观的"物化"，正是因此，创业者的潜意识中有很强的独占意识，也即"这个企业是我的"。这样的独占意识当然能够驱动创业者对企业发展负责，并为此尽心尽力。

然而，现代企业在不断发展中必然会出现企业所有权和控制权的分割，企业需要引入投资者、股东，甚至引入职业经理人，创业者不得不与他人共创、共享企业成就。此时，创业者的独占意识也将受到挑战，必须向"精神独占、物质共享"转变——这无疑是一个巨大的心理考验。

2.权力动机与个人权力

权力动机则是试图影响他人和改变环境的一种驱动力。在这一动机下，人们愿意承担一定的风险以获得权力，并建设性或破坏性地使用它；而对于创业者而言，他们作为企业创始人天然具有企业的最高权力，而如何使用权力则成为对创业者的又一场考验。

如果创业者的权力动机是获得机构权力，他们就会更容易成为优秀的经营者，他们更强调对员工的影响以及对社会的责任，进而赢得更多人的认可，能够更好地使用权力。但如果创业者的权力动机只是获得个人权力，那他就可能成为企业中的"暴君"，在破坏性地行使权力时，展现出肆意妄为的姿态，因而难以与他人建立合作，更遑论分享权力。

个人英雄主义与组织化之间本就无法共存，因此，纯粹的个人英雄主义很难成功，它只会让创业者陷入独占意识与个人权力的困境，导致团队合作成为奢望，创业者只能在孤军奋战中遭遇失败。

在企业初创阶段，个人英雄主义是一种独特的人格魅力，能够吸引初期的同行者，为初创团队赋予强大的驱动力。但随着企业发展到一定规模，个人英雄主义就必须上升到理想和抱负的层面并转化为企业愿景，从而对企业全员产生影响力，使创业者作为一个个体，能够与企业相互依存、共同发展。

关于创业者的个人英雄主义，创业教育机构必须能够形成辩证的认知。很多优秀的创业者都因其纯粹的个人英雄主义而走向失败，但即便如此，我们也不能单纯强调自我克制，而应调动创业者学习与改变的能力，因为创业者个人英雄主义的一个重要特点就是通过自我改变以适应环境，而这也是推动创业者成功的关键力量。

创业者的角色

要剖析创业者的基本角色,我们首先要从狭义的创业者概念来看,狭义的创业者就是创业的人。当今时代,多数人的人生都以职业生涯为主导,多数人选择了就业,做他人事业的打工者,而少数人则选择了创业,开创自己的事业。

针对创业者这一角色,我们必须结合其创业动机和创业目标进行分析。

1.创业者的创业动机

一般而言,创业者的创业动机可以分为5类。

(1)穷则思变、追求财富。部分创业者是由打工者转变而来的,他们脱离打工者角色的一个重要动机,就是因为"打工挣不着什么钱""与其打工,不如自己做老板",他们希望通过打造一家成功的企业获取更多的财富。

(2)发挥专长、不愿被埋没。在互联网创业者层出不穷的当下,有不少创业者原本可能只是一名普通的工程师,但他们在技术领域或相关专业领域的钻研程度却非常深。因此,他们希望能够充分发挥自己的专长,而不愿被埋没在一般人中。

(3)从业多年、不甘于现状。这类创业者通常已经工作多年,在工作岗位上拥有一份不菲的薪酬,是可以被归为"高级白领"的人群。但他们对自己却有更高的认知和期待,不甘于"打工者"的现状,他们希望通过创业为自己打造更大的舞台,创造属于自己的辉煌。

(4)想出好的创意并有强烈的欲望将其实现。这类创业动机最为特殊,但通常容易与第三类混淆。这类创业者同样是在公司工作多年,拥有很好的待遇和社会地位,也得到了公司领导的赏识,但仍然辞职创业,并非因为怀才不遇,而是因为想出了一个自认为很好的创意,并产生了强烈的欲望想将这一创意变为现实,当现有公司无法满足他们这一欲望时,他们就会做出创业的决定,想要做出不一样的东西。

(5)天生不愿做打工者。此类创业动机同样在创业者群体中普遍存在,所谓"不会打工的,这辈子都不会打工的",正是这类创业者的典型内心独白,可能他们本身的性格也不适合职场的生存环境，因而选择创业这条道路。

创业者的创业动机多种多样，但却绝无好坏之分，创业动机与其能否创业成功也无必然联系。但创业教育机构仍然要充分理解创业者的创业动机，因为拥有不同创业动机的创业者，其性格及创业表现也有很大的不同。

比如第三类创业者有多年的从业经验，因而创业初期通常较为顺利，但却容易"小富即安"，遇到困难时也容易退缩，但如果创业者本身有较为坚韧的性格，就可能克服这些困难取得更大的成就。而第五类创业者则可能是典型的个人主义者，他们的性格使其难以与他人平等合作，如果创业者不对自身性格进行节制，就可能难以成功。

2.创业目标的设定

无论因为何种动机走上创业之路，创业者都必须设定自己的创业目标，否则，创业也只能停留在纸面上，不可能吸引到追随者。一般而言，创业目标的设定需要满足3个条件。

（1）带有一定功利性。企业作为营利性组织，其运营发展必然需要业绩、利润作为支撑，因此，创业者的创业目标当然可以带有各种浪漫色彩，但却不能少了功利性，否则，企业就不可能取得成功。

（2）明确且现实。创业目标对企业员工有强大的感召力，但如果创业目标过于模糊，就很难赢得他人的理解、认可和追从，如果创业目标过于虚幻，则会因为脱离实际而在时间的考验中败下阵来。

（3）通过艰苦努力可实现。如果创业目标高不可攀，那目标当然不具有感召力；但如果创业目标唾手可得，也就失去了作为目标的意义。因此，创业目标应当是通过艰苦努力可以实现的。

3.创业者的一些典型行为特征

创业者往往都是在条件不完备的时候就开始启动创业项目。他们通常是激进的乐观主义者。大部分的创业企业都是在资源和条件不完备的情况下设立的。创业者之所以有这种动力，就是因为其本身的乐观主义和强烈的要将自己的愿望实现的动机。

有一位CEO是这么看的："创业者和投资人对事物的看法是不同的。投资人在判断一件事情该不该做的时候，更多的是考虑它的前提条件是否具备。而创业者则没有前提，如果讲前提，公司就很难成立。"

创业者往往需要靠直觉做出快速反应。哈佛商学院的调查表明，许多成功的创业者几乎没有多少时间进行调查和分析，而那些进行调查和分析的经理，则不得不经常抛弃原有的战略重新开始。而全面分析往往会延迟企业进入市场的时间，或者因为发现了数不清的问题而将创意扼杀。因此，大部分创业者的观点都是："当一个机会被详细调查清楚后，它或许已不复存在了。"

创业者对自己的创意或者产品有特殊的偏爱。一个真正的创业者，总是会用带着强烈感情色彩的词汇描述自己的创意或者产品。即使是性格恬淡的创业者，也会乐意花大量的时间来谈论他的"孩子"。

创业者有将自己的创意付诸现实的强烈愿望。创业者不会仅仅停留在描绘创意或者初级产品的阶段，他总是尽可能地利用一切现有条件，将创意或者初级产品向最终产品方向推进。因此，等待条件完备再动手的人，都不是真正的创业者。

领导者的角色

作为企业的创始人，创业者天然扮演企业的领导者角色，而作为企业一把手，领导者与其他班子成员也有重大区别。

在组织运营管理中，销售人员的决策，考虑的是1年之内的结果；总裁的决策，考虑的是5年之内的结果；而总理的决策，考虑的则是对国家未来50年的影响。在领导者的角色下，创业者的决策对企业具有极强的穿透力，将影响整个组织的发展方向和工作内容。因此，领导者必须承担起企业兴亡的最终责任。

这里所谓的"最终责任"与通常意义上的"总体负责"存在根本区别。很多时候，领导者确实扮演着"总体负责"的重任，负责整个企业的运营管理，但这一重任也可能交由职业经理人掌握，但职业经理人却无须承担"最终责任"。因为当职业经理人经营不善、做得不好时，他可能会主动离职或被解聘，但真正承担"最终责任"的领导者却是与企业融为一体的，二者一荣俱荣、一损俱损，领导者没有任何躲避的可能。

因此，在扮演领导者的角色时，创业者就必须做好最终责任人的关键工作。

1.为企业树立远大目标

企业能够取得怎样的成绩，很大程度上取决于领导者为企业树立的目标。如果领导者为企业树立的目标只是成为"街道100强"，那企业当然很难成为"全区的希望"。因此，领导者必须为企业树立远大目标，为企业成员注入工作热情，但这样的目标又必须在逻辑上站得住脚，有明确的方向，且有战略作为基础。

2.选择、塑造和团结领导班子

企业的有序运营发展绝非仅仅依靠领导者的孤军奋战就能实现，只有一个团结、有共识的领导班子才能承担起企业管理的职责，推动企业各方面业务的良好发展。这就需要领导者做好建班子的过程，选择、结成和塑造有力的领导班子。

当然，在企业初创阶段，可供领导者选择的人才会比较有限，甚至企业成员与领导者之间的相互信任关系也尚未建立，建班子就会面临着更大的困难。

3.建立企业的核心价值观

每个组织的团结协作都需要价值观作为核心，但初创阶段的企业往往很难建立属于自己的核心价值观。这是因为，企业的初创人员大多来自多个不同的公司，他们的价值观仍然受到原公司的影响，因此容易出现不同的声音。当然，还有一种情况，那就是大部分成员都出自一家公司，此时，成员的声音十分统一，但这终究是原来公司的价值观，而不适用于新的企业。

因此，领导者必须通过多方面的努力，在企业内部塑造并推广统一的核心价值观，确保该价值观适用于企业发展，且能赢得企业员工的广泛认可。

4.亲自解决企业的瓶颈问题

虽然身居领导者之位，一把手无须事必躬亲，但当企业遭遇瓶颈问题时——这对初创企业而言尤其常见，如果领导者能够亲力亲为，灵活协调各方资源、快速进行关键决策，从而解决瓶颈问题，则不仅能够极大地鼓舞士气，还能帮助领导者尽快赢得成员信赖。

很多创业者容易将领导者与企业成员对立起来，热衷于解决战略性的问题，拒绝深入瓶颈问题的第一线，而是将之交由相应部门的管理者解决，也即所谓的"将专业的事交给专业的人"。

然而，创业者必须认识到，领导者是肩负"最终责任"的人，而在初创阶段面对众多影响企业存亡的关键瓶颈问题时，所有的道理都应让位于"深入抗洪第一线"这一"天条。"

5.定义需要努力实现的近期目标

当领导者只将目光停留在远期目标时，就容易忽视近期目标的设定，而将之交由专业的财务人员来设定。这就可能出现两个问题：其一是目标仅仅停留在可以定量衡量的范围，而难以触碰需要定性衡量的目标；其二则是目标可能偏向保守，可行性很强、激励性却极差。

上述两个问题其实是初创企业定目标的大忌，因为保守的、局限于定量衡量范围的目标，必然会白白浪费初创企业的活力优势，难以推动初创企业的快速发展。

但当领导者关注近期目标的定义时，却容易陷入另一个误区，那就是"放卫星"。很多领导者误以为只有定了100分的目标才能考到80分，如果只定了60分的目标那肯定是不及格的。

然而，如果企业成员原本就只能勉强做到60分，那100分的目标值会极大地损害成员自信，使其陷入萎靡不振的状态；如果团队误以为自己能够达到100分，那就可能在勉强冲刺中损耗大量资源；而当目标最终无法实现时则会损害领导者的威信。

因此，在设定近期目标时，领导者必须遵循"努力才能实现"的原则，结合远期目标和现实基础，制定合适的近期目标。

经营者的角色

在企业的发展过程中，创业者同时扮演着企业经营者的角色。尤其是在企业初创阶段，创业者更要成为业务方面的专家，直接推动企业业务的持续增长。具体而言，其工作内容则包含以下3个方面。

1.捕捉商机

经营者必须具有灵敏的商业嗅觉，能够开拓广泛的信息渠道，并结合各方信息抓住隐藏的商机，从而快速调整业务节奏和业务方向。

2.有效组合资源

经营者承担着管理企业的重任，而管理企业的核心工作就是要对资源进行有效整合，如组织市场拓展和销售的工作、组织产品的生产或服务的提升、协调销售与生产和服务的关系，并确保企业内部资金、信息等资源的有序流动，最终将商机转化为业务。

3.降本增效

经营者的天职就是在给定条件下实现投入/产出的最大化，而要做到这一点，就需要持续地追求降本增效的方法，并将之应用到企业的经营实践当中。其中尤其要强调的一点就是"成本"的概念。

很多创业教育机构在接触创业者的过程中都会发现，无论是职业经理人还是那些志向远大的创业者，他们对成本的理解大多偏弱。具体而言，职业经理人的考核指标通常都是业绩增长或问题解决，成本并非其主要考核指标；而创业者则更多地将心力投入宏观的谋略计划中，因而容易忽视成本。

然而，对于初创企业而言，每一分钱都是重要资源，都是企业快速发展的关键

"弹药",应当花在刀刃上。经营者必须对成本保持足够的敏感。

总和的企业家

狭义的创业者以及领导者、经营者这3种角色并非完全孤立的,正是这3种角色综合构成了鲜明、有趣的企业家角色。因此,在认识创业者时,创业教育机构要从"总和的企业家"角度进行理解。

企业家本身就是一个较为模糊的定义,无论是创业者、领导者还是经营者角色,似乎都能被理解为企业家,但这种理解似乎也并不完全。

1.创新、合作与敬业

如果要在企业家这个角色上找到几个关键词,那必不可少的核心关键词就是创新、合作与敬业。

(1)创新。企业家的创新往往体现为一种新的技术或观念,这是企业家创新行为的重要基础,也是创业者角色与企业家角色的重要区分。如果将创业者的创新理解为一道闪电,那企业家的创新就是一座发电厂,它虽然没有闪电那样的瞬时爆发力和震撼力,但却能够为事物发展提供不竭动力。

正如彼得·德鲁克在《创新与企业家精神》中论述的那样,企业家的创新是要实现经济资源的转移,从而创造出更大的价值。企业家的创新当然不仅体现在产品或服务本身的创新上,也包括制度和理念的创新,以及持续的创新能力和对风险的放空能力。

(2)合作。合作是企业家的重要能力,因为企业家的创新是一项系统工程,必须依靠"最广泛的统一战线"才能实现。

企业家必须和领导班子达成合作,与员工队伍建立合作,与资本市场建立连接,并与供应商、经销商等塑造伙伴关系,甚至与其他非营利机构保持联系,如此方能完成企业创新发展的目标,建立企业的长期基业。

关于合作精神和合作能力，我们曾经对企业家有一个比喻，就是"串起珍珠的线"。如果把优秀企业比喻为一条价值不菲的项链，那么人才、资本、合作伙伴等元素都是这条项链上的珍珠，而企业家则是那条"看不见"的线，把这些珍珠串在一起。为此，企业家必须有所坚持而又善于妥协，追求整体的利益高于个人的荣辱。

（3）敬业。创新与合作是非常艰苦的，需要企业家付出巨大努力，在物质和精神上做出巨大牺牲。既然其中蕴藏着如此多的困难，为何还有人愿意成为企业家，并坚持领导企业向更高的目标迈进，而非安于现状？这归根结底就是企业家的另一个关键特质——敬业精神。

敬业精神代表的是企业家做企业的韧性，是企业家要将企业做大做强、为合作伙伴创造利益、为社会大众创造价值的决心。

2.系统思考能力与学习能力

作为总和的企业家，创业者要解决的是一项系统性的工程，而这就需要创业者具备系统的思考能力和学习能力。

（1）系统思考能力。系统思考能力就是站在企业这一系统工程的角度，思考企业面临的诸多问题，一般包含3层含义。

①能用综合的眼光看待企业成功的各项要素。

②能辩证地看待问题的正反两面。

③能对问题的轻重缓急进行区分，并结合时势确定解决顺序。

（2）学习能力。企业家的学习能力并非简单地学习技能或知识的能力，而是要快速准确地识别企业发展中的关键任务和主要矛盾，并组织资源加以解决。

角色间的冲突

创业者的基本角色是上述诸多角色的总和，但我们也可以看出，上述的几种角色之间往往也存在矛盾关系，因此，有的创业者可能表现出明显的优势或短板，有的创业者则较为均衡却也毫无长处，但对于创业者扮演各项角色的能力却没有明确的好坏之分，而应结合企业现状进行判断。

1. 企业内外部角色的冲突

在企业内部运营中，创业者通常希望营造良好的内部环境，尽可能排除权钱交易、打工心态等不良风气，避免企业的核心价值观被腐蚀。

但在企业外部的业务往来中，创业者往往需要面临强烈的观念冲突，或是采购的回扣风，或是价值扭曲的投资人，这些都会对有强烈价值观取向的创业者造成冲击。

而在这种内外部角色的冲突中，创业者就必须在保全原则的基础上有节制地妥协，在推动外部合作有序推进的同时，确保企业内部的健康发展。

2. 创业者与其他社会角色的冲突

创业者不仅扮演着企业人的角色，也扮演着社会人的角色，如父母、子女、朋友等角色，但每个人的一天都只有24小时，创业者又要如何在工作和生活之间分配时间呢？如何平衡创业者角色和其他社会角色呢？

一位有很强家庭责任感的创业者或许让人觉得可靠，但我们可能又会疑虑：他是否会在家庭事务上耗费太多时间和精力呢？与此同时，在部分投资人看来，创业者应当只对企业负责，但如果创业者毫无社会责任感，我们又如何确保他能对企业、股东负责呢？

这些都是创业者必须面对和妥善处理的角色冲突，而创业教育机构则要对此保持正确认知。

认识创业者的基本方法

即使我们已经对创业者的基本角色进行了解构，但面对复杂的创业者角色，创业教育机构仍然需要掌握认识创业者的基本方法，这样方能对创业者形成较为全面的认知，从而为其提供更具针对性的创业教育服务。

核心原则

在确定认识创业者的基本方法之前，创业教育机构首先要明确4个基本原则。

1. 人与事并重

人都是生动而具体的，每个人都生活在现实社会之中，因而对人的认识也不能脱离他所处的社会现实。具体到认识创业者时，我们就必须高度关注他所做的"事"，也即"创立并发展企业"这一基本任务。

无论如何，我们都不可能直接了解他人的内心世界，因此，我们必须通过对"事"本身的了解来加深对"人"的认识。与此同时，同样一件事情，不同的人会用不同的方式去完成，所以，认识创业者不仅要看他做的事，还要看他如何完成这件事。这就是所谓的"人与事并重"。

2. 要综合地看人

认识创业者的过程往往就是通过访谈获取信息并通过其他渠道搜集事实，然后对这些信息和事实进行分析。

在与创业者相关的一系列信息和事实中，可能这件事情体现了他的公平，那件事情说明了他有事业心，诸如此类，在我们下结论时就可以做到有理有据。但是在各类信息与事实中，我们或许能够罗列出十数条结论，其中正反两面的结论都有，甚至相互之间存在矛盾，此时，我们又该如何据此得出最终结论呢？

需要注意的是，认识创业者并非对分析结果进行简单相加，而是要遵循综合看人的原则，基于创业者角色的复杂性，将一个复杂的人放到一个三维的基本角色框架中，再进一步做出最终判断。

3. 少看"大是大非"，多看"可与不可"

即使是创业经验有限的创业者，也大多具有丰富的社会经验，对此，在认识创业者的过程中，我们就要进一步明确自己该关注哪类事件。

毋庸置疑，那些关于大是大非的事迹总是特别容易吸引我们的注意，也更容易被纳入我们对创业者的评判标准中，比如侵吞公司财产、生产或销售假冒伪劣产品等。但我们也要认识到，这类事件的发生概率本就较低，有较好素质的企业家都不会出现这种行为。

当然，这并非说这些"大是大非"的事件不重要，而是说我们需要更多地关注一些"可与不可"的事件。在企业运营管理中有大量事务都处于"可与不可"之间，而正是透过创业者在这些事件上的决策，我们能够更清楚地认识创业者。

例如，工程师加班这种事在IT企业的初创阶段十分常见，工程师晚上加班过晚而第二天早上迟到不打卡是令很多创业者头疼的问题，而如果创业者以"早上必须按时打卡"来立规矩时，就可以看出创业者对规矩以及"以人为本"等理念的理解。

创业者本身有3种核心角色，但与此同时，他还需要扮演其他社会角色，如何平衡各类角色间的冲突关系，则同样是值得关注的"可与不可"的事情。

4.抓住主要矛盾，看未来发展

"外因是变化的条件，内因是变化的根据，外因通过内因而起作用。"企业的明天由昨天和今天的行为造就，因此，我们要善于通过发现和抓住主要矛盾来观察创业者的发展潜力。

企业发展到任何阶段都有每个阶段要面临的主要问题，创业者必然会采取各种措施来解决当前的主要问题。而他在解决这些问题的过程中一定会有正面或负面的表现，要判断创业者未来的发展潜力，就要看他正面的表现是否能够占据上风。

例如，某创业企业所处行业的前景还比较模糊，大家都在摸索的过程中，此时，我们更应该关注创业者的总结分析能力，这种能力能够帮助创业者快速总结经验、找到方法，而敬业精神或执行能力则可以被适当弱化。

再比如，某创业企业CEO为人比较精明，也有很强的开拓精神。因此，如果行业发展不好或其他地域业务难以拓展，他身上较为精明的特质就会占据上风，创业者会成为一个很好的经营者，企业发展以"守成"为主；但是，如果行业处于起步阶段，那么他就会更多地展现开拓精神，以"创业"为主。

为什么要特别强调看主要矛盾呢？因为创业者的心胸抱负和学习能力对企业发展而言至关重要，但对创业者学习能力的判断却并非源自学历或证书，而是源自对方在处理主要矛盾时展露出来的思想和行为过程。关注这一过程，才能给我们认识创业者带来重要启示。

一般步骤

对人的认识是一个由浅入深的过程，对创业者的认识也需要从朦胧到逐步清晰，创业教育机构可以结合创业者的基本角色框架，采用以下步骤来分析和认识。

1.基本的德才判断

对创业者的基本素质要求并非只是能力或资源，还包括德才。如果创业者德才不佳，那即使有很多的资源，也可能被用于歧途。因此，认识创业者首先要对创业者的德才进行判断。

2.认识创业者的特殊要求

创业者由3种基本角色构成，由作为总和的企业家身处各类角色的冲突当中，因此，认识创业者就需要基于这些角色特征进行，我们必须掌握相对应的特殊要求。下一节将对此进行详述。

3.结合具体的事认识其特质

每位创业者都有其特殊性，不可一概而论，我们在判断创业者是否满足各项要求时，必须结合具体的事，分析其个人特质与所做事情之间是否有足够的契合度。

4.深入分析其个人价值实现动机

人的动机是最难认识的，而动机在我们的判断中又非常重要。因此，我们必须在充分掌握各项基本素材，即德才判断、角色定位、具体事例之后，再综合判断创业者的价值实现动机。

特殊要求

基于创业者本身的基本角色框架，在认识创业者时，我们就要遵循相应的特殊要求，从多个角度对创业者形成更具针对性的认知。

1.认识创业者

认识创业者的内容较为简单，我们一方面要看对方的创业动机和创业目标是否合理，另一方面则要看对方对新事物，尤其是对所做业务的狂热程度。

与此同时，由于创业教育机构的认识对象通常已经开始创业实践，因此，我们在认识其创业者角色时，也要关注对方如何平衡创业者和其他角色之间的关系，以及如何实现从纯粹的创业者到企业家角色的转换。

需要注意的是，某些在创业时期看似优秀的行为特征，到企业发展成熟后却可能成为企业进一步发展的阻碍。我们需要对此重点考虑。

2.认识领导者

对领导者的认识则包含更加复杂的内容。

（1）作为领导者的成长轨迹。我们都清楚，领导者不是通过知识培训就能复制出来的，每位领导者都有独特的成长轨迹。当然，我们不可能完全知晓领导者的成长轨迹，此时，我们就可以从领导者的"导师情结"出发，通过观察对方将哪些人看作重要导师、哪些事情给他留下深刻印象来理解对方的核心理念，并判断对方的成长潜力。

（2）最初树立权威的原因和过程。无论领导者表现出的性格特征如何，他都必须在企业内部树立权威，才能成为企业的领导者。因此，通过观察领导者最初树立权威的原因和过程，我们能更好地认清领导者的处事方法和行为逻辑。

（3）愿意承担最终责任的原因。通过理解领导者愿意承担最终责任的原因，我们能认识他创办企业的深层动力。这也是创业者个人价值观的重要表现。

（4）承担最终责任的能力和心理素质。前文已经详细讨论过领导者角色需要处理的关键任务，而这需要领导者具有一定的能力和心理素质。一个好的领导者其实只需要做好3件事情：充当定心丸；当好总指挥；建好班子，选择人才。为此，领导者就必须具备某些关键特质，如志向远大、心胸宽广、具有韧性和决断力、能审时度势……这个清单可以列得更长，对不同类型的领导者也有不同要求，因此我们需要根据具体项目进行判断。

3.认识经营者

认识经营者的重点则较为直观，主要包含3个方面的内容。

（1）财富观的形成过程及大致倾向。了解创业者财富观的形成历史，我们可以判断经营者的风格类型，进而判断其财富观和企业应该具备的财富观是否一致。需要注意的是，很多创业者在企业经营中表现的财富观与其个人财富观其实并不一致，但却可以做好二者的协调与区分。

（2）捕捉商机的敏感性，对商业人脉和网络资源的把控性。

（3）对成本的敏感性。

4.认识企业家

从企业家的角度来认识创业者，我们需要重点关心3个方面：企业家精神（创新精神、合作精神与敬业精神）、系统思考的能力、广义的学习能力。

（1）创新精神。企业家对机遇的偏好使他甘于冒险，这也是创新精神的重要来源。认识创业者创新精神的关键有3点。

①对创新进行系统管理的能力。有的创业者有很多点子，但如果对每个点子都不加选择地尝试，企业的资源就会很容易被耗干。因此，我们要重点认识创业者选择机会的过程和标准以及资源分配的情况。

②开拓新疆域的意识和行动。这里的新疆域可能是新的地域市场，也可能是新的产品或者服务种类。对此，我们要重点认识对方是否会主动提起开拓新产品或者其他域市场，通过讨论来判断他是有备而来，还是仓促应付你的问题。

③对企业目标的看法。企业家对目标的理解不应是财务数字的累加，他对工作本身的理解也和其他人不同。企业家本身就是个高风险的职位，因此，企业家常常具有追求风险或危险的本性，在机会好、回报高的情况下尤其如此，他们有时甚至将平淡无奇的工作看作一种痛苦的折磨。

（2）合作精神。要认识企业家的合作精神，一般有以下几个方面。

①诚实守信。这是对合作关系的基本要求，任何无法做到诚实守信的企业家，都不可能赢得他人的认可。

②对游戏规则的认识和遵循。针对初创企业的企业家，我们尤其要注意与其探讨未来治理结构中的角色问题。对此问题不在乎的企业家，在企业运营管理中往往也容易出现问题。

③识人用人。对有二把手的企业，我们可以采用更简单的方法，就是观察企业家与二把手之间的关系；针对没有二把手的企业，我们则要观察他和班子成员之间

的工作关系。

此时，我们要重点观察企业家在用人时是否敢于用比自己更优秀的人，以及在用人的同时是否能诚心帮助别人实现对方的人生目标。

④对竞争对手或生意伙伴的评价。记住企业家评价竞争对手或生意伙伴时的用词，结合他最近与这些公司的交往记录，我们就能进一步分析企业家的合作精神。

（3）敬业精神。企业家的敬业精神具体可以从以下两方面进行判断。

①对工作时间的分配以及对业余时间的支配。

②对待报酬和待遇的态度。关于报酬和待遇，我们需要关注企业家是否过于关注自身薪资水平，或不顾企业实际情况按照市场水平要求自身工资待遇，甚至在企业还需融资时就通过分红或借款等方式支取现金。

（4）系统思考的能力。对此，我们仍然要重点关注企业家的决策过程，观察对方在决策时是否考虑各种重点的、应该考虑到的因素。

一般而言，系统思考能力较强的人在言语表达方面比较讲究思路清晰，这也是一个辅助的判断标准。

需要注意的是，将事情的方方面面都考虑到，无论大小都要花时间精力去研究，这并不是真正的系统思考能力。系统思考能力强的人应该能够抓住事物的主要矛盾以及矛盾的主要方面，并将主要时间精力投注在这些事件上。

（5）广义的学习能力。并不是说读书、参加培训才算学习，企业家应当有敏锐的觉察能力，能在生活和工作中时刻发现学习的机会。和自己的同行交流、向自己的对手学习、向长者请教等都是广义的学习，这种学习能力关系到企业家的成长速度。

5.认识角色间的冲突

每位创业者都需要处理多种角色间的冲突。此时，最典型的角色冲突就是企业家和家庭成员间的矛盾关系，我们可以与创业者的家人接触，或与对方聊聊家常，判断对方与家人感情和思想交流的频率。

与此同时，创业者和投资人之间的冲突同样常见，这则是因为双方观念、立场的不同，甚至双方利益也不完全一致，因此，冲突也是一种必然。此时，我们要深入观察对方的表现，比如初次接触时，对方是否能诚心实意地与我们交流对行业的看法，如果闪烁其词，则很大程度上说明这个人的心胸有问题；在关于企业未来走势的判断中，对方是一味迎合我们的观点，还是固执地坚守自己的观点，抑或坦率指出双方的异同点，进行思想上的正面交流？这在很大程度上能说明他对待合作伙伴的态度。

认识创业者角色的方法

从创业者角色的特殊性出发，我们需要借助角色理论，认识创业者的理想角色、感悟角色和实践角色。

社会心理学认为，人的社会角色有3种类型。

（1）理想角色，就是从理想的角度来看，人对角色的定义是什么。比如"医生"，一般人的理想角色概念就是"救死扶伤，治病救人"。

（2）感悟角色，就是扮演角色的人对理想角色的切身体会。比如，同样是医生，不同的人对这个角色的体会也有很大不同，有以救死扶伤为天职的，也有以治病挣钱为目标的。

（3）实践角色，就是人在真正的社会实践中的具体做法。比如，医生在他的职业生涯中是否真的做到了"救死扶伤"？大部分人在社会实践中的表现与理想角色相差甚远，甚至远不及其自身的感悟角色。

基于这3个角色概念，我们能够更加深入地认识创业者。

在关于创业者的认知讨论或我们采用的认知标准中，我们更多的是分析创业者的理想角色。在与创业者直接讨论对方的宏伟蓝图或做企业的感受时，我们则是在了解对方感悟到的角色。但是，我们最关心的却是对方在实际行动中的真实表现，也就是他的实践角色。

实践角色与感悟角色产生差距通常是由两种原因造成的。其一是创业者已经认识到了问题所在，但是受到客观条件的限制无法做出很大改变；其二则是创业者缺乏改变自己或者环境的实际能力。有些创业者总是强调客观因素的限制，但其实践角色表现不佳的原因往往属于第二种情况，这类缺乏自我认知和改变能力的创业者自然难以实现创业目标。

感悟角色与理想角色之间的差距，则是因为创业者的认识水平仍然较低，未曾深入理解理想角色的内涵；或是受限于自身的心胸和境界，创业者根本无法产生更高水平的认知。

因此，在与创业者的交流中，我们可以着重讨论创业者的感悟角色，并观察他在实践中的具体做法，将两者结合，我们就能对其心胸、学习能力、执行能力等很多问题形成深刻认识。

一般而言，面谈可以帮助我们对创业者的感悟角色有深入认识；而外部引证和业绩调查则能帮助我们客观看待创业者的实践角色。

对创业教育机构人员的基本要求

即使经过上述各种步骤和方法，要形成对创业者全面、准确的认知依然是一项艰巨的任务。其根本原因在于即便遵循前文所述方法，要最终得出可靠结论，依然依赖于主体，即创业机构从业者自身。

每个人都有自己的主观偏好，如果创业教育机构的从业者无法满足评判主体的基本要求，那当然会影响到我们对创业者的准确认知。

因此，对创业教育机构自身来说，我们也需明确两点基本要求。

1. 健全的心理素质

我们常常会遇到3种创业者：近乎固执坚持信念的创业者，善用远大理想鼓动他人且性格有张力的创业者，一味迎合我们观点的创业者。

我们要注意到，固执与执着之间只有一字之差；理想和理想化相邻相伴；一味迎合我们观点的人，也并非都是刻意讨好，或许真的是"心有戚戚焉"。

外围调查不一定能得到真相。因为每个人都有自己的好恶倾向，因此会主观地关注某些言语或故事，又无意地忽视一些自己不喜欢的内容。但无论是过分关注还是无意忽视，都会影响我们收集到的事实，进而影响我们的判断。

因此，性格恬淡是理想的性格条件，但我们却无法如此苛求每位成员，我们只能强调自身必须具备健全的心理素质，及时发现自己判断中的漏洞，敢于否定自己，能够吸纳不同的意见和观点，也要敢于下结论。

2. 具备一定的业务素质

要认识创业者，我们就要认识创业者的业务，从他的业绩、业务逻辑、商机把握能力等方面着手，因此，我们就必须和创业者讨论各类业务问题，分析对方的业务能力，判断创业者对行业趋势的把握情况。而要做到这一点，就要求我们具有一定的业务能力，在业务层面和创业者有对话的能力。

第4章

如何做好创业教育课程设计

> 商业组织发展的核心载体就是产品,对创业教育机构而言,我们的载体就是课程。但与传统教育机构不同的是,创业教育面对的学员却有着独特的身份特征和学习需求,创业教育机构如果不懂创业者,或无法抓住创业者的学习需求,那么就将把握好课程设计的方向。

不懂创业者，创业教育就无从谈起

人本身就极具复杂性，创业者在复杂性上则更有其特殊性，如果不懂创业者，那创业教育也就无从谈起，所谓的课程或师资当然也只是自以为是，对创业者而言毫无价值。创业教育不是一般的培训，创业者也不是学习某门课程的学生，我们必须基于对创业者的认识，真正理解创业教育的特点。

创业教育不是把普通人变成企业家

我们都清楚，不是每一位创业者都能走向成功，也不是每一个创业项目都能创造价值，那些怀抱创业理想的普通人，可能在一两年内就无奈放弃或遭遇惨败……

然而，在这样的现实下，很多创业教育机构却只是在讲授思维模式、思维方法、底层逻辑，或是为学员构建起一个以上市为目标的宏伟蓝图。这样的课程对创业新人或许有启发、有激励，但当他们中的大多数不可避免地陷入创业困境时，这些课程又是否能发挥作用呢？我们的创业教育是否真的能推动他们成长为成功企业家呢？

在创业教育的不断发展中，也有创业者参与创业教育课程的目的，不再是获取创业知识，而只是借此建立人脉。

但正如前文所说，当我们能够正确认识创业者这一特殊人群后，就应当明白，能够有效扮演创业者角色的绝非普通人。这并不是因为创业需要多少资源、能力或人脉，而是因为创业需要强烈的冲动和实际的行动，如此创业者才能不断改变自己、适应环境、改变环境，最终让梦想照进现实。

而创业教育的根本目的，就是在无数投身创业的人群中，挖掘出这样真正具有潜力的创业者，并为其提供行之有效的价值解决方案，帮助他们不断实践、持续改良，在"仗越打越精"中让梦想成真。

我曾见过一些简单甚至粗糙的创业教育课程，但却抓住了创业教育的本质。那是在一个大学校园中，讲师在为学员讲授创业课程时，只是布置了一次历时一个月的假期创业训练营，这个创业训练营的课程分为3个环节：

（1）学员首先找到一个一天就能完成的想法，然后在早晨做准备、白天做实施、晚上做检验并完成实践报告。

（2）学员进一步写出一个耗时一周才能实现的梦想，制订相应的实现计划，也可寻求讲师的指导，在一周的实践后进行检验。

（3）基于前两步的实践，学员可以设立这次创业训练营的"终极梦想"，并在训练营结束后，进行汇报，讲师则会进行评比。

在这个过程中，重要的不是学员设定了怎样的梦想，而是学员对梦想的实践过程，在计划、实施、检查、行动（PDCA）中，学员们知道该如何执行、如何解决问题，并在问题的不断解决中建立自信、勇气，在不断的实践中体悟创业精神。

创业教育的根本目的，始终应当着眼于学员的实践，针对学员在实践中遇到的各类问题，为其提供切实的解决方案，从而推动学员不断前行。事实上，在这样的过程中，普通人也会逐渐成长。

创业教育的两面：商业性与公益性

每一个创业教育机构都在寻求商业模式与盈利模式的不断完善，这是基于市场竞争的基本需要——商业性组织对利润的必然要求；但与此同时，创业教育也携带了教育行业天然携带的公益属性。

在过去相当长的一段时间里，我们的创业者都是真正意义上的"白手起家"，他们不仅缺乏资金、人脉等资源，同样没有创业教育、创业投资这样的支持机构，他们可能只是从路边摆摊开始，一步步地积攒资金，继而有了团队、有了公司——直至当他们的商业模式展露锋芒时，银行信贷、股权投资才开始给予支持。

"只有锦上添花、没有雪中送炭"是很多创业者都曾遭遇的窘境。但创业教育却不同，从行业发展之初，创业教育就是要为创业者提供价值解决方案，为他们提供创业培训，帮他们对接创业资源，成为创新创业的重要推力。

创业教育的早期参与者大多采用免费模式，因为缴纳数万元乃至十多万元作为学费，对于白手起家的创业者而言可谓天方夜谭。尤其是当创业者无法判定创业教育内容是否具有价值，或是否具有即期价值时，他们不会愿意付费学习。

创业教育从业者始终要明确一点，既然选择为创业者提供教育服务，就必须持有一颗公益之心。我们的服务对象是创业者，他们怀抱着各种各样的梦想踏上创业这条布满荆棘的道路，如果我们只有一颗功利心，只想着从一穷二白的创业者身上赚取利润，却忽视对创业者的扶持，那不仅无法实现自身发展，更是一种不道德的行为。

"公益性事业"是很多创业教育自我标榜的价值观。但创业教育终究是一种商业模式，而不是单纯的慈善，因此，创业教育的商业性就必须找到自己的落脚点，如股权付费、众筹学费或创业投资、政府基金，这就涉及创业教育的商业模式与盈利模式。

我们当然也可以采用一次性收取培训费用的模式，但无论采取怎样的盈利模式，我们都要坚持为创业者提供相应的价值，甚至更高的价值——当创业项目成功时，我们也可以借此获得超额回报。

我曾见过一类所谓"创业教育"公司，他们每次的培训招募1000位学员，学费为3万元——一次培训课程的学费收入就高达3000万元。他们的课程内容是什么呢？在巨大的音响声中，学员只能听到讲师充满磁性的声音，但仔细去听，其实不过是一些"正确的废话"而已。

当学员感觉自己充满干劲时，讲师就会号召学员卖课，并承诺给高达50%的提成，也就是说，学员每为公司招募一位新学员，就能拿到1.5万元的提成。于是，每位学员在经过培训后都在拼命卖课，当初的"创业梦想"就这样被丢到一边。

这样的模式与其说是商业模式，不如说是打着"创业教育"名号的欺诈模式。很多从业者都对这种"挂羊头卖狗肉"的模式嗤之以鼻，但如果从业者无法为创业者提供有效的价值解决方案，那其实同样是一种不道德的行为，因为我们同样在耗费创业者的资金、精力、时间成本。

创业教育具有商业性与公益性并存的两面性。在推进创业教育事业发展的过程中，我们要坚持为创业者提供价值解决方案，并获取与价值相匹配的盈利空间。

创业教育的两个关键：有用、有情

创业教育的根本目的是为创业者提供价值解决方案，简单而言，这其实就是创业教育的第一个关键点——有用。我们为创业者提供的课程或其他支持必须真的能够发挥作用，而不是纸上谈兵。

联想之星在创立之初就是为科学家做创业培训，帮助科学家将科学成果商业化。此类项目大多有一个共同特征，就是创业者拥有一项出色的技术，这项技术可以被应用到诸多领域，比如一种材料技术可以应用到服装生产、航空航天、农业生产、工业生产等多个领域，但创业者的创业思路却往往有局限，他们不了解市场上各种各样真实的需求。而且，拿着技术找市场，往往会让创始人在一开始就尝试各种方向，所谓"东方不亮西方亮"，而对资源有限的初创企业来说，将有限资源集中到一点突破才有机会快速成长。这也是很多科技型企业无法做大的原因。

事实上，科技成果商业化的基本思路是先从市场需求出发，再去探索技术和市场需求的结合点。在这种情况下，技术并没有创业者想象中的那么重要。

1997年，乔布斯重回苹果不久，在开发者大会上，一位程序员当众质疑乔布斯，认为他不懂技术。乔布斯不但没有生气，反而借此机会分享了他在苹果的创业理念。他说：

人们有时候就像这位先生（作者注：指刚刚提问的人）一样，他们说得没错，有一些技术可以在某些方面做出别的技术完全做不出来的功能。我相信你肯定能做出一个Demo来展示这样的功能。但是，最难的地方在于，如何把这个功能融入一个完整的、更大的愿景中，能够给你的产品带来每年80亿~100亿美元的销售。

你必须从用户体验出发，然后倒推到技术。你不能从技术出发，然后去想"能把这东西卖到哪里"。我自己在这方面犯过的错误，可能比你们在座的任何一位都要多，我可以举出一堆例子来。我知道这就是原因。

当我们开始为苹果思考战略和愿景时，都是从我们能为用户带来什么巨大利益出发，我们可以把用户带到哪里；而不是先找一帮工程师坐下来聊，说我们有哪些厉害的技术，我们怎么把这些技术卖出去。我认为我们走的这条路是正确的。

我们做了世界上第一台小型的激光打印机。那个小机器里融合了很多领先的技术，有美国第一个佳能激光打印引擎，我们设计了功能很强的打印机控制器，我们有Adobe Postscript和Apple Talk软件，总之这些都应用了非常好的技术。我还记得当我看到第一张它打印出来的东西时，只要拿起来看着它，我就知道我们肯定能卖得出去。你不需要知道那台小机器的任何信息，你只需要拿着这张纸，然后问："你想要这个吗？"要知道，1984年，在有激光打印之前，看到这样的东西是很惊人的。大家看了都会说："哦，是！"而这，就是苹果要做的事情。

如今，我们的创业教育已经能够很好地讲述关于创业思维、创业逻辑的知识，但创业者真的需要这些知识吗？我们也可以讲述很多成功的案例，但这些案例是否真的能够帮到创业者呢？

　　创业教育当然要讲思维，但我们更要讲补充思维。所谓补充思维，就是为已有的思维模式做补充，在创业教育领域，就是基于创业者自身的发展思维和创业的底层逻辑，找到需要解决的核心问题，帮助创业者做补充和完善，为他们提供有效的解决方案。

　　正是因此，即使很多创业教育机构主打"创业工具"培训，如ERP系统、OA软件等，但经过实践发现，创业者对于此类课程的需求不大。毕竟，创业者需要学习的并非工具本身，而是如何使用这些工具来解决问题。如果工具无法实际应用，那这些仍然不能称之为"有用"的课程。

　　我们总是会发现，虽然市场上有许多家创业教育机构讲授的是同样一种创业思维或创业工具，但其中一家却能脱颖而出，这是因为，这家创业教育机构在讲述方法论的同时，更进一步为创业者提供了针对性的解决方案或应用方法。

　　创业教育的课程必须有用，但如果只是有用，那与其说是创业教育，不如说是咨询顾问。创业教育有公益性的一面，也担负着支持创业、连接资源的职能，我们不仅要为创业者解决问题，也要为创业者排解压力、传递能量，并将志同道合的创业者集聚在一起，发挥出更大的力量。这就是创业教育的另一个关键点——有情。

　　前文曾经说过，大多数创业者都承受着巨大的心理压力，处于高压状态的创业者总是处于孤独与焦虑当中，因此，创业教育就必须正视创业者的心理需求，在为他们提供有用的方法的同时，也要为他们提供有情的服务。

　　有情的创业教育，就是为创业者提供各种心理疏导，尤其是自信或者说自我效能感的辅导，并帮助创业者建立互帮互助的和谐社群。

　　创业者需要的不是盲目的自信，而是一种自我效能感，也就是对自己是否能够达成目标的信念。这种信念不是凭空产生的，而是需要借助自身或他人的成功经验，比如自己曾经获得的成功，或与成功创业者的相似之处等。当创业者能够建立这种自信时，就能积极面对创业所必然面临的困难与挫折，保持清醒的头脑，从而更好寻找解决问题的方案。

因此，创业教育必须为创业者建立一个互帮互助的和谐社群。在这个社群里，创业者可以通过相互交流来建立自我效能感，也能通过相互帮助来找到有用的解决方案，甚至通过相互连接创造更大的价值。

创业教育是成人教育，更具目的性

创业教育是面向成人的教育，因此，创业教育的课程设计还必须抓住成人学员的需求特征。

在学生时代，我们的学习动机大多源自父母、学校、社会，外部压力推动着我们不断进步；但这种情况却不会出现在成年人身上，我们的父母早已不会逼迫我们学习，每位成年人都要为自己的生活负责。

成年人有着强烈的自我意识，因此，当他们选择参与创业教育的学习时，这就意味着他们有着明确的目的性。

大部分学员在决定参加哪种创业教育课程时，通常会特别看重同学和老师的背景。而几乎所有创业教育宣传中也都带有对"实战性"的描述，无论是内容还是讲师的背景。

这就体现了成年人参与创业教育的根本目的：学习是否能够帮助自己解决当下的问题。

成年人通常不会为了"未来可能用得着的知识"去学习。和青少年不同，成年人除了学习之外，在生活和工作中还承担着其他责任，这使得他们更加关注投入产出比，所以他们更关注问题而不是话题。他们学习的动力来自于他们想对某问题采取行动。

我曾听说过在某知名商学院的EMBA课堂上，授课教授被来自企业的高管学生轰下讲台的故事。这样的故事在创业教育领域其实并不罕见，当然，大多数学员的选择可能是分心做其他的事或离开课堂——当他们不认可课程内容时。

这是任何想要为成年人提供教育服务的人都应当牢记在心的教训——你的学员可能和你一样了解课程主题。

与此同时，学员对主题的了解程度会有所不同：对有些人来说如同家常便饭一般熟的经历，另一些人却可能从未经历过甚至未曾听说过。

这种丰富多元的已有经验给创业教育带来诸多挑战。

（1）学生可能因为所讲授的内容与他们的经验不同而质疑讲师的正确性。

（2）对一些人来说非常重要的内容，对另一些人来说过于浅显，还有一些人则完全不明就里。

（3）学员的固有习惯挥之不去，没有足够的体验和时间让学员抛弃不正确或过时的看法或技能。

成年人的年龄范畴横跨了18岁到60岁这样大的间隔，年轻创业者与中年创业者的需求又截然不同，35岁的高管与25岁的基层经理同样有着不同的兴趣、不一样的需求。

如果创业教育只看到了成年人的目的性，却看不到成年人的复杂性，我们就可能面临这样的情况：当你在台上分享对你来说最宝贵的人生经验之时，坐在下面的人也许正在B站看UP主的视频——你们所讲的道理或许如出一辙，效果却大相径庭。

课程设计需要一个完整的逻辑

创业教育的课程设计必须做到有用、有情。但究竟怎样的课程有用？怎样的培训有情？这些问题的关键不在于创业教育机构，而在于创业教育机构的受众群体——学员需要怎样的课程。因此，创业教育课程设计的基础就是受众群体及学习需求的细分，当我们确定了自己在细分市场的定位，我们的课程设计也就有了针对性，我们必须遵循图4-1的逻辑进行课程设计。

图 4-1 课程设计逻辑

创业教育的受众群体细分

创业教育的受众群体当然是创业者，然而，创业者的创业领域、创业思路、背景、资源乃至年龄都各不相同，因此，创业者的需求也具有个性化的特征。

事实上，正如这世上没有两片完全相同的树叶一样，在如此多的元素的综合作用下，我们也找不到完全一样的两位创业者。任何一条经过验证有效的创业道路，都不可能完全适合另一位创业者。

那么，我们为创业者提供创业教育服务，究竟是在提供什么呢？我们提供的价值解决方案又该如何做到有用？这就需要对受众群体进行细分，抓住细分群体的共性需求，设计出相对有用的"通识性"课程，再尽量为每位学员提供更具针对性的解决方案。

根据创业者背景、行业、地域的不同，我们可以通过不同方式来对受众进行分类。

1.创业者背景：精英创业者与草根创业者

自从进入"双创"时代，创新创业就已经走入"寻常百姓家"，而不再是精英人群的专属。所谓精英创业者，即拥有丰富的从业经验或技术、人脉、资金等资源优势的创业者，他们在创业之初，就具备某方面的核心优势，因而能够通过发挥这一优势让企业实现快速成长。

但在如今，即使不具备任何资源的草根创业者，也拥有了成功的可能——社交网络则进一步放大了这种可能。这群草根创业者构成了创业市场的主体，也为创新创业贡献了巨大的活力，并与精英创业者表现出截然不同的特征。

与传统的精英创业者相比，草根创业者虽然缺乏背景或资源，但他们却是更贴近用户的创业者，草根创业者的许多项目看似粗糙，甚至只是一部手机而已，但他们的项目却能赢得广大客户群体的认可。

草根创业者构成了创业市场的"基本盘"，但我们在创业市场上却很少听到他们的声音，这并非因为草根创业者不够多，而是因为草根创业者不够强。

受限于"草根"的背景，这批创业者虽然活跃、高效，但他们却缺乏做大做强的格局与视野，同样缺乏与资本打交道的能力。在低门槛的草根创业群体中，如果创业者始终只顾着闷声发财，那所谓的成功也只能是昙花一现。

在这样的发展困境中，越来越多的草根创业者开始寻求创业教育的支持，希望通过学习来打开视野与格局，并学会利用"精英资源"来壮大自身，如资金、技术等，从而真正实现从0到1的突破，乃至成长为行业领袖或巨头新贵。

庞大的草根创业者规模，为创业教育带来了庞大的受众基础；明确且务实的学习需求，也让创业教育可以设计出更具针对性的培训课程；较低的创业起点，既降低了创业教育的培训难度，也使创业教育能够从创业项目的成功中获得更高的回报。因此，创业教育在考虑受众群体时必须对草根创业者给予足够的重视。

2.行业：传统行业、互联网行业、高科技行业

传统行业虽然聚集了大量创业者，但经过多年发展，传统行业逐渐成熟甚至迈入夕阳，创业的机会越来越少，成长空间也越来越小。因此，互联网及高科技行业逐渐成为创业市场上的"香饽饽"，而"传统行业+互联网""传统行业+高科技"则成为新的市场热点，拥有更大的成长空间。

因此，从行业出发，很多创业教育机构更加关注互联网精英或高科技创业者带来的想象空间。

（1）互联网精英。所谓互联网精英，可以简单理解为从BAT（百度、阿里巴巴、腾讯）等互联网大厂出走创业的人才。此类群体的核心优势就是资源，他们在互联网企业中接触的客户、合作伙伴、技术，都是创业必需的优质资源。

从创业市场的发展来看，互联网精英的创业项目更容易吸引到风投和融资，甚至在创业三五年间实现市值破亿元。这不仅是因为互联网精英的资源优势，同样是因为他们在互联网大厂中获得的经验提升，使他们能够对互联网（尤其是对深层次的战略和布局）有更加深刻的理解。

资源和格局优势成为互联网精英与草根创业者的核心区别，但这样的优势却不代表必然的成功。

互联网精英的劣势主要体现在以下3个方面。

①知识面局限。大公司的一个典型特征就是具有非常细分的岗位设置，互联网精英们虽然能够对某个岗位的工作内容做到精通，但也因此导致知识面有所局限。互联

网精英在创业时就需要通过学习来弥补多方面的知识。

②"先做人、后做事"。大公司的一个通病则是"先做人、后做事",人际关系可能比工作能力更加重要,这虽然为互联网精英带来了相当多的人脉资源,但在创业期间,互联网精英却要重新理顺二者的关系,将更多精力投入事业的发展当中。

③对成本不敏感。在上一章提到的创业者的多个角色中,作为经营者,最重要的能力(或是天赋)就是成本敏感性。在大企业中,要想有所成就,最重要的是把工作完成,而不是计较工作的成本。而这种习惯恰恰会让初创企业随时陷入资金链断裂的风险。

互联网精英具备突出的创业优势,但当他们真正走上创业道路时,仍然需要各种支持。与此同时,浸淫行业多年的互联网精英对创业教育也有着更高的接受度,互联网精英也由此成为创业教育的优质受众群体。

(2)高科技创业者。高科技创业者,也即拥有技术优势的各类创业者。

距离邓小平同志提出"科学技术是第一生产力"这一重要论断已经过去30多年,而在这30多年间,中国经济也在科技发展的支撑下创造了奇迹。时至今日,谈起科技或许显得老派,但科技仍然是创新创业的重要基础,科技领域的创业者仍然是创业教育的重要受众群体。

高科技创业者的唯一优势或者说唯一资源就是技术,除此以外,他们可能没有资金、没有背景,也没有人脉、没有思路。当他们想要将科技成果商业化时,其结果却往往不尽人意,更可惜的是,创业项目的失败还可能导致科技成果被市场忽视。

然而,正如邓小平同志在1992年南方谈话时所说,"高科技领域的一个突破,带动一批产业的发展。"科技创业的成功,对市场进步和经济发展具有重大作用;科技领域的创业,同样蕴藏着巨大的发展和盈利空间。

因此,创业教育必须发挥自身在创业领域的优势,助推高科技创业者走向成功。针对高科技创业者的课程设计,需要更加注重应用场景和商业化的内容。我们无须纠结模式创新或营销创新，我们只需为创业者的技术找到合适的应用场景，并打造出优质的产品，就可以将其逐步推向市场，甚至引领技术潮流。

3.地域：一线城市创业者与二三线城市创业者

长期以来，无论是草根创业者，还是互联网精英、高科技创业者，他们的创业首选城市都是北上广深这样的一线城市，因为这里汇聚了更优秀的资源，蕴藏着更多的机遇。

但时至今日，一线城市的创业市场已经饱和，甚至成为一片惨烈的红海。于是，越来越多的创业者开始将目光转移至二三线城市，草根创业者与互联网精英也在这片市场展开了针锋相对的竞争。

在这片市场上，互联网精英的优势也展露无遗，如拼多多的黄峥，他既懂用户又懂模式，还有技术与资本加持，因此能够迅速抓住下沉市场的红利机遇。

无论竞争的结果如何，在这里，我们将其归类为下沉市场创业者。他们都是聚焦下沉市场，而二者的竞争，其实都是通过创新来激发市场的活力。

对于下沉市场的创业者而言，创业发展的痛点并非竞争，而是创新——如何开发这片长期被忽视的市场？如何深耕这里的客群？

针对这些问题，创业教育则需要及时设计相应的解决方案，推动下沉市场的持续发展。需要注意的是，下沉市场并非一瞬即逝的风口，而是中国经济实现内循环的重要市场，因此，创业教育在为下沉市场创业者提供解决方案时，更应立足市场长期发展设计出真正有效的课程，并在实践中不断改善。

企业发展 5 个阶段的需求细分

不同的受众群体对创业教育的需求各不相同，处于不同发展阶段的创业企业的创业者对创业教育的需求同样表现出不同的特征。

如今，创业教育机构总是能遇到这样一类学员：他们尚未开始创业，对创业可能只是有些简单的想法，甚或只是有些好奇，他们没有明确的思路也没有完善的计划，参与创业教育培训课程的目的单纯是了解创业……对于这样的学员而言，扩张战略、资本运作的课程就几乎毫无用处。

因此，在进行课程设计时，我们必须考虑到创业者所处的不同阶段，并为其提供针对性的课程培训。比如创意课程吸引来的大多都是早期创业者，他们想要通过课程来验证自己的创意是否有效，而在此时，我们可以穿插一些关于商业经验、市场需求、启动资金等方面的课程内容，来满足此类创业者的学习需求。

从创业企业的发展阶段来说，我们一般可以将其分为5个阶段，其需求细分如表4-1所示。

表4-1 创业企业发展5个阶段的需求细分

阶段	起步	验证	增长	规模盈利	成熟
标志	初步的商业计划	进入市场，获得收入	规模收入，高速成长	规模利润，建立竞争优势	成为行业主导者之一
关键点	创意和目标，创始人商业经验，市场需求	市场切入，产品与服务，业务计划，组建创业团队	营销渠道，建立管理体系、战略和管理团队	战略有效性，规模扩张和竞争优势，创始人授权	资本运作，战略转移，……
学习目的	获取启动资金	验证技术能力和商业模式	产能运营建设	市场扩张，竞争	开拓新业务，收购兼并

1.起步阶段

处于起步阶段的企业的标志就是，他们只有初步的商业计划，但这份计划该如何启动或落地，创业者却没有明确的想法。此类企业可能只是一个3~5人的合伙团队,其年营收规模也不过50万~500万元。

因此,针对起步阶段企业的创业教育,其课程设计可以聚焦3个关键点:创意和目标、创始人商业经验和市场需求。

如果创业者拥有创意和切实的目标,且拥有丰富的商业经验,能够把握市场需求,那这样的企业的成功率也更高。此时,他们也更容易赢得天使投资人的认可,获得启动资金的支持。

2. 验证阶段

处于验证阶段的企业已经正式进入市场,并能够获得一定收入。此类创业企业虽然有了一定成绩,其年营收规模可能达到500万~2000万元,但其发展方向仍然未能完全确认,他们需要通过创业教育规避发展陷阱,验证自身模式。

因此,针对验证阶段企业的创业教育,其课程设计则要聚焦4个关键点:市场切入、产品与服务、业务计划与组建创业团队。

在踏出创业道路的第一步后,验证阶段的企业更加需要通过创业教育和风险投资来验证自己的技术、能力和商业模式。创业教育及融资成果为其带来的验证结果,将成为企业后续发展的重要参考,企业可以借此及时调整发展方向、完善管理机制。

3. 增长阶段

基于相当的规模收入,处于增长阶段的企业已经进入高速成长时期,其年营收规模更是达到2000万~1亿元。此时,企业就必须考虑精细化发展的问题,为进一步扩张奠定基础。

因此,针对增长阶段企业的创业教育,其课程设计的关键点有4个:营销渠道、建立管理体系、战略、管理团队。

借助全方位的体系化、精细化管理,增长阶段企业的组织架构也将由此稳定。此类企业参与创业教育、获取融资的目的就是完成企业的产能运营建设,提升企业效能,夯实发展基础。

4.规模盈利阶段

处于规模盈利阶段的企业已经在市场上建立起自己的竞争优势,不仅实现了亿元级的年营收规模,更实现了利润规模的扩大。如何实现进一步扩张,则成为该阶段企业的主要发展需求。

因此,针对规模盈利阶段企业的创业教育,其课程设计的关键点就在于:战略有效性、规模扩张和竞争优势、创始人授权。

当企业进入规模盈利阶段时,创始人就已经不可能事无巨细地管理企业每项事务,授权成为一种必然。而创始人则需要将注意力放在战略有效性、规模扩张和竞争优势上,从而有效应对市场扩张竞争。

5.成熟阶段

当企业逐渐发展成为行业主导者之一时,就标志着成熟阶段的到来。成熟阶段是创始人真正实现梦想的时期,但也是创始人应当居安思危的时期——如果企业不能维持竞争优势,企业发展就可能由此进入下行通道。

因此,针对成熟阶段企业的创业教育,其课程设计的关键点则是资本运作、战略转移等内容。

此类企业参与创业教育时的角色不再是简单的学员,他们可能是讲师,也可能是面试官,他们的目的就是通过创业教育开拓新业务,甚至是对创业项目进行收购兼并,以维持自身的发展活力。

3个落脚点

不同领域的创业者,其创业路线差异明显,但在百花齐放的创业道路上,企业发展却都有3个难关需要克服,面对不同的难关,创业者的学习需求也各有不同,这就构成了创业教育课程设计的落脚点。

1.产品

产品是创业企业发展的核心要素。很多创业者有技术、有思路,但无论如何推广,他们的产品却始终无法赢得市场认可,这通常是因为他们未能真正抓住用户需求。

事实上,即使在普遍追求打造爆品的当下,我们或许可以引入各类营销方法、加速产品推广,但爆品的真正核心价值仍然是基于用户需求的。

要解决产品相关问题,创业者就必须明白,产品是一套完整的体系,如图4-2所示。

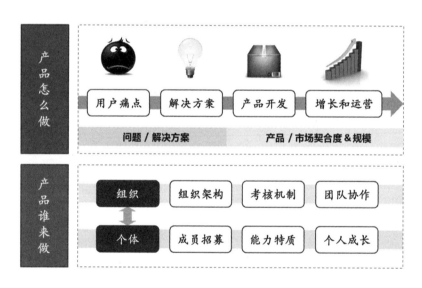

图 4-2 产品开发体系

基于这样一套完善的产品开发体系,创业教育必须找到创业项目的薄弱点,并为其提供针对性的培训。一般而言,我们可以抓住3个产品开发关键点。

(1)寻找用户需求。创业者在寻找用户需求时,首先要透视行业发展规律,并由上而下地进行行业分析;然后再对用户进行明确画像。基于上述分析结果,创业者就需要发挥自己的灵感和洞察力，找到用户的真实需求。

需要注意的是，寻找用户需求的一个关键是寻找真实需求。在用户需求分析时，缺乏经验的创业者总会发现一些看似有效的"伪需求"，由此开发出的产品自然也无法赢得用户认可。

《乔布斯传》中曾经引用过亨利·福特的一句经典名言："如果我最初问消费者他们想要什么，他们应该是会告诉我'要一匹更快的马！'"很多创业者听到这样的需求，立马跑去马场选马配种，但福特却选择了制造汽车。

（2）接受不完美的发布。如果创业者总是要等产品完美才发布，那曾经的蓝海也早已成为一片红海。创业者要过产品关，就必须重视效率，只有以更快的速度打入市场，创业者才更容易赢得先机。

初代产品的发布其实无须做到完美，只需做到最小功能集合的完备即可，也就是说，产品能够切实满足用户需求，关于其他功能的要求则可以适当放松。一款粗糙但基本可用的产品，已经能够用于发布，从而快速抓住目标用户，奠定市场地位。

（3）通过快速迭代优化产品。在激烈竞争的创业市场，任何项目一旦获得初步成功，就可能吸引来大量的跟随者；一旦跟随者拥有更多的资源支持，这种模仿而来的产品反而可能会对先行者造成重大打击。

因此，创业者在发布初代产品之后，就必须基于用户反馈和运营数据，对产品进行快速迭代优化，如添加功能、界面修改等，以保持市场优势地位。

2.市场

纵使产品足够优秀，切实抓住了用户的真实需求，也不代表产品绝对能够获得成功。事实上，商业发展历史早已表明，能够赢得更广大用户认可的不一定是最优秀的产品，但一定有更优秀的市场营销的产品。这就是创业者必须面对的市场关。

要攻克市场关，创业者就要解决营销与销售的问题。

（1）营销。当今时代的营销必然以互联网为主，创业者必须学会集中吸引网络流量，不仅要吸引微博、抖音等公域流量，也要获取私域流量。

（2）销售。有效的营销方案必须搭配合适的销售手段，这也是很多技术性创业者迫切需要学习的内容，如以阿里系培训师为主的"铁军"系列课程，能帮助创业者解决产品销售的问题。

多年前，很多互联网创业者将腾讯看作"一条恶龙"，因为凭借巨大的社交能量，腾讯的任何项目都可以迅速被推向更多用户，因此，一旦腾讯对创业项目进行复制，即使产品质量一般，但仍然可以快速获取成功。

即使腾讯逐渐转变运营理念，开始支持创业项目发展，但创业圈里仍然留下了一个经典问题——如果你的创业项目被腾讯跟进复制了，你会怎么办？

这其实就构成了创业者很难过的市场关——如何应对日趋激烈的市场竞争，尤其是来自行业巨头的降维打击？

针对这些问题，创业教育机构需要为创业者找到解决方案，或是顺势而为，或是找到巨头"看不上的生意"。而无论做出怎样的选择，创业教育都要引导创业者建立数据思维，在用户运营、渠道管理、活动效果评估和市场分析等各方面不断优化，用数据驱动产品发展、指导市场竞争。

3.管理

处于早期阶段的创业公司，完全可以依靠优秀的产品赢得市场认可，走过起步、验证、增长等发展阶段，但企业形成一定规模以后，管理就成了企业进一步发展的难关，换句话说，企业发展到了瓶颈。

当企业员工规模突破100人，达到500人甚至更高时，创始人或两三位合伙人已经无法完成对企业的精细化管理，企业亟待建立一套完善的管理体系，创始人自身也需要随之提升个人领导力，并维护企业赖以发展的企业文化。

很多创业企业发展到相当规模时，创始人就会陷入一种困境：企业没有了初创期的热情，甚至染上了许多传统企业的痼疾……这是因为，在企业规模的不断扩大的过程中，随着外部员工的加入，他们更多的是"打工者"心态，外部企业的文化也随之进入企业，久而久之，创始人就可能对自己一手创办的公司感到陌生。

当创业企业发展到一定规模时，创业者就需要着手完善企业的管理体系，通过设置业务线、产品线等职能条线，实现企业内部的分工协作；建立人才培养机制，逐渐形成人才梯队，维持团队能力的增长和组织架构的稳定；与此同时，创业者还要提升个人领导力，与各条线负责人做好沟通协作，避免公司的发展误入歧途和"大公司病"的滋生。

围绕创始人的核心任务展开

针对创始人这一独特的受众群体，创业教育同样要针对其身份定位，找到他们的需求。如果忽视了创始人的身份定位，创业教育课程瞄准的需求同样可能是一种"伪需求"。

创始人在创立公司时，通常需要处理各种各样的繁杂事务，尤其是工商、税务、法务等各种事务，烦琐且专业。那么，我们是否应当开设一套课程，专门为公司创立期的工商、税务、法务等事务提供解决方案呢？

这样的课程看似符合创始人的需求，但如果我们真的如此设计，那结局也很明确——那就是无人问津。

创业企业在起步阶段确实要处理诸多繁杂事务，但解决这些事务却并非创始人的核心需求。作为创业企业的掌舵者，创始人更关注的是如何设计产品、如何挖掘需求、如何优化产品、如何应对市场竞争等核心问题。

在进行创业教育的课程设计时，必须要考虑到有些内容或许是创业企业发展需要的，但并不一定是创始人需要关心的；即使创始人需要有所了解，有时也仅限于了解，而无须过于细致。

就以税务、法务等问题而论，创始人需要专门抽出一天的时间来学习吗？答案是否定的，当创始人来到创业教育机构，表现出这方面的困扰时，只需为其介绍一位专业的咨询顾问即可，咨询顾问可以直接针对创始人遇到的问题给出直接的解决方案。

那么，针对创始人的身份定位，创业教育究竟该如何设计相应的课程呢？

绝大多数企业的创始人都有一颗务实的心，当他们决定付出时间和学费来参与创业教育时，这通常意味着一件事——企业发展遭遇到瓶颈，他们需要借助外部力量寻找解决方案。

创始人虽然具备一定的技术能力或产品开发能力，但随着企业的不断发展，关于市场竞争、企业管理的诸多问题也被摆上创始人的案头，此时，我们就必须要认识到，"企业发展的瓶颈在瓶子上头"，因此，创业教育就必须帮助创始人突破自身能力与认知的局限，为其提供相应的培训与支持。

联想之星在将科学家培育为创业者的过程中，就特意总结了科学家创业要知道的3件事。

（1）项目本身能否赚钱，行业的发展空间有多大？很多科学家带着技术成果创业，但对于这个成果能否赚钱、如何赚钱却没有明确的认知。

（2）什么领域能赚钱，门槛有多高，创业者又身处什么地位？任何商业化过程都并非一蹴而就的，科研成果同样如此，创业者必须明确：需要多少资金、如何提升技术和管理水平，才能逐渐将科研成果完善推广，达到能够赚钱的地步。

（3）竞争对手的状况。创业必然面临各种商业竞争，无论是来自传统大企业的向下竞争，还是来自同类创业者的同行竞争，我们都需要灵活应对。

事实上，这3个问题就是对创始人核心任务的高度总结，每位创始人都应当时刻谨记这3个问题，并在创业之初就寻找可能的解决方案。而创业教育机构则要引导创业者重视这些问题，并帮助他们找到答案。

课程设计须融入自身优势，差异化优势就是竞争力

基于对创业者角色的深入认知以及对课程设计逻辑的全盘了解，创业教育机构已经能够明确应如何设计创业教育课程。但在此时，很多创业教育机构仍然会忽视的一点，就是如何融入自身优势形成竞争力。正如跟风创业往往只会失败一样，如果创业教育机构的课程设计与其他机构大同小异，那创业教育机构也难以形成市场竞争力。

创业教育课程设计要围绕自身优势

只有在深入了解创业者的需求和学习特征之后，我们的课程才能赢得创业者的认可。但如果是基于这样的思路，很多创业教育就走上了"追风口"的发展道路，他们总是在追逐风口，比如社交营销、共享经济、直播短视频，并为创业者提供相关的培训。

不可否认，这样的课程设计思路确实能够满足用户需求，如果我们能够持续地抓住每一个风口，设计出相关的有效课程，并满足用户的每一个需求，那我们当然可以由此发展为创业教育行业的佼佼者——然而，我们是否拥有这样的能力呢？

正如我们教导创业者如何发展壮大一样，我们的任何设计都应当围绕自身优势

进行。如果我们拥有准确识别每一个风口的能力，我们当然可以持续"追风口"，但又有多少从业者敢夸言自己有这样的优势呢？

我们必须承认，在创业教育领域，我们或许能做很多事，但有很多事情我们确实做不了。就像一位腾讯的知名高管，尽管他具有足够的行业知名度，但他却可能难以做好创业教育的课程设计，因为他的优势或许在于技术，或许在于带领中等规模的企业快速做大，他能讲好如何把5000万元的业务做到5亿元，但他却讲不好如何把业务从0做到1000万元的方法。

因此，创业教育的课程设计必须围绕自己的优势，我们可以讲趋势、讲管理、讲跨界、讲融资——只要这些课程内容确实是我们的优势能力，也只有如此，我们才能真正为创业者提供有用的课程。泛泛而谈的"系统性课程"对创业者其实毫无用处。

比如，有的创业教育机构有着丰富的投资人资源，或者其本身就是投资机构，学员来到这里的核心需求就是找融资。在参与这样的课程时，学员其实就是在演绎自己的项目计划书，从自身素养到项目理念，从而吸引投资人的注意力。

因此，此类创业教育的课程设计大多也围绕商业模式、投融资进行，这既是在教导学员如何获取融资，也是在向学员传递自己的筛选标准，让学员在学习过程中不断调整。

与此同时，投资人还有一个典型优势，就是开阔的思维和丰富的经验，他们在看到学员的创业项目时，或许无法断言项目能否一定成功，也无法为创业者提供做产品的具体方法，但投资人却能判断创业项目的发展方向，看到这个方向上的发展前景，这同样是创业者所需的重要内容。

还有一些创业教育机构的发起方就是产业内的龙头企业，他们对所在产业有深入的理解，在所在行业中有着广泛的影响力和深厚的资源积累。这种优势和特定领域内的创始人就有巨大的吸引力。如果他们和意图发展特定产业的地方经济结合，还能获得当地政府的支持，从而撬动更多的资源，为地方的创新创业提供支持。

拥有大企业背景的创业教育机构还有一个优势是企业自身对经营和管理的理解，有助于形成拥有自己特色的培训体系。比如联想之星、东方坐标学院、浙江湖畔创业研学中心、青藤学园（腾讯）等。

创业教育的课程设计必须融入自身优势，并在认清自身的差异化优势后，针对性地提升企业竞争力。缺乏自身优势作为支撑的创业教育，必然难以为创业者提供有效的课程内容或创业支持，此类创业教育机构的发展规模也很容易受到限制，甚至会在与同行的竞争中快速落败。

背靠大企业：在一个行业内深耕，底蕴深厚

背靠大企业是很多创业教育机构的重要特征，这也构成了创业教育机构的主要优势，如背靠联想的联想之星、背靠阿里巴巴的浙江湖畔创业研学中心。大企业通常在其行业内深耕多年，具有深厚底蕴，对行业理解也十分深刻，这样的底蕴和理解都能对同行业创业者提供极大帮助，尤其是为其遇到的问题提供行之有效的解决方案。

以背靠新东方的东方坐标学院为例，想要在教育行业创业成功的创业者，都可以从这里学习到有用的知识。

自1993年成立以来，新东方不断发展壮大，并于2006年登陆美国纽交所。如今，新东方已经成为国内知名综合性教育集团，其业务条线几乎覆盖了所有教育相关行业。

基于这样的深厚底蕴，2018年东方坐标学院可以为教育行业创业者提供几乎一切需要的资源，尤其是更具针对性的教育产业发展经验，从而帮助学员突破规模瓶颈，由增长阶段迈入规模盈利阶段。

因此，东方坐标学院的创业教育课程设计更加关注偏中期的创业公司，从而充分发挥自身优势。事实上，东方坐标学院第一届学员均为已获得知名投资机构A轮及

以上轮次投资的泛教育领域创业者。

其实，这也是为了与好未来的未来之星保持差异化。作为新东方的主要竞争对手，好未来于2014年与腾讯联合发起未来之星创业营，进军创业教育领域，但其主要关注的对象则是早期创业公司。

正是因为这样的差异化战略，在东方坐标学院的成立发布会上，新东方创始人俞敏洪与好未来创始人张邦鑫才能实现首次公开同台对话，并提出"友好竞争、精诚合作"的合作理念。

由此出发，东方坐标学院的优势就如它的名字一样，由一条横轴与一条纵轴共同构成：横轴是新东方从幼儿教育到成人教育的完整产业链布局；纵轴则是新东方20多年发展积累的经验与心得。

基于这样的优势条件，东方坐标学院对目标学员的定位也就很明确：处于增长阶段的教育行业创业公司创始人或CEO。针对这样的受众群体，东方坐标学院的课程设计围绕"模式新思维、人才新思路、资本新挑战、认知新突破、国际新视野"等5个模块展开，在提升学员思维高度的同时加强学员的实践深度，为学员提供一次突破自身局限的历练机会。

背靠投资机构：突出模式、融资指导与连接

前文已经简要提及To VC模式的核心优势——有钱且见过足够多的创业企业。而在课程设计中，背靠投资机构的创业教育又该如何融入相关优势呢？那就需要突出模式、融资指导与连接等核心内容。

投资机构拥有丰富的创业投资经验，因此能够理解多个行业的发展规律，对行业发展形成前瞻性的看法，并抓住创业失败和成功的规律。这样的经验基础使得创业教育能覆盖更多行业的创业者，为他们找到核心的商业模式，从而夯实基础。

一旦投资机构认可学员项目的发展前景，就可以给予深入的融资指导，并为其

连接更多资源，形成一股强大的助推力量，支撑创业项目的迅速发展。

如经纬创投的亿万学院正是依靠这样的差异化优势，才实现了后来者居上的快速发展。相比来看，联想之星在发展初期是背靠联想的资源与行业优势，通过"创业培训＋天使投资"的方式帮助科技创业者成长，而随着自身规模的不断扩大，联想之星也逐渐发展为"创业培训＋天使投资＋开放平台"的模式，为更多行业的创业者提供服务。

基于这样的差异化优势，联想之星的系统化课程有了自身的项目特色。

①系统——全周期式学习内容。从企业创建到融资发展，从创业者到企业家，联想之星聚焦创业发展各阶段的核心问题，并围绕一线实战经验，开发出全周期的系统学习课程；在后续的实践中，联想之星的课程设计也根据培训效果和市场发展不断迭代，为创业者提供多维度、全方位的课程内容。

②实战——全浸入式课程体验。实战是联想之星课程设计的核心原则，为了加强实战训练效果，联想之星坚持打造"小组学习生态"，通过"星董会"闭门思享等学习形式，深度探究创业企业发展中遇到的核心问题，在集思广益中精准诊断并解决问题。在这一过程中，联想之星、讲师与学员的智慧与资源也得到充分共享。

③赋能——全链条式培训体系。联想之星搭建的"LSU（联想之星创业联盟）"，是一个由联想之星毕业学员共同组成的交流合作平台。借助这样的学习平台，学员之间也可以通过跨界融合打通产业链，由此形成互助互利的创业生态。

④公益——全公益的优质培训。自创立之初，联想之星就始终秉持公益初心，为创业者提供免费的优质培训，真正践行"助创业者改变世界"的使命。

正如投资机构的收益源自创业项目的长期发展一样，在背靠投资机构时，我们就可以降低甚至放弃创业教育带来的学费收益，聚焦创业实战和赋能，为创业者提供企业发展各阶段问题的解决方案。

背靠媒体：突出新趋势，拥抱新思想

在社会经济的发展中，站在时代最前线的往往并非创业投资或创业教育，而是媒体。媒体总是会跟进时代热点，也会复盘时代传奇，因此，如《创业邦》《创业家》等媒体机构对趋势的辨识度、对思想的接受度，则构成了创业教育的另一种优势。

背靠媒体的创业教育，总是能够抓住新趋势、拥抱新思想，也不会受到固有思想的束缚，因而更加灵活多变，能够快速抓住市场机会。事实上，背靠《创业家》的黑马学院，其自身发展历程就是这种优势的典型代表。

自1991年加入经济日报社后，牛文文连续2届获得3项中国新闻奖；2000年，牛文文凭借出色的工作成绩就任《中国企业家》杂志总编辑，在牛文文的领导下，这本杂志迅速崛起成为中国著名的商业杂志，牛文文本身也见证并影响了一代民营企业的成长。

2008年，在中国移动互联网产业初步发展时，牛文文就已经预见到传统杂志不可避免的衰落。但离开《中国企业家》杂志的牛文文，当时虽然看到了创业市场的前景，却未找到合适的创业契机，因而只是创办了《创业家》杂志。

2009年，牛文文看到了创业服务的发展契机；同年，《创业家》杂志开设了专注报道早期项目的"黑马栏目"，开始聚焦创始人群体，在创始人俱乐部成立时，牛文文也由此成为俱乐部常务主席。

次年，牛文文果断创办黑马学院，成为中国创业教育行业的先行者。凭借多年媒体工作积攒下的人脉，黑马学院首期课程就邀请到王石、史玉柱等商界领袖亲自授课。

2011年，牛文文创办"黑马大赛"，为创业者搭建融资平台，邀请所有可能上榜的"黑马"参赛；《创业家》也于这一年成为首批入选中关村创新型孵化器的机构。

2012年，牛文文抓住了新浪微博高速发展的契机，助力《创业家》成为社交媒体上最具影响力的创业媒体。此后，通过i黑马网向在线创业服务转变；2013年，创业社群黑马会成立，黑马系开始将学习、融资、交流等诸多功能融为一体；2014年，聚焦早期项目的黑马基金成立，年底，牛文文又推出线上路演融资平台"牛投网"；2015年，黑马社群的创业者规模超过1万人；2017年，创业黑马上市。

回顾黑马学院的发展历程，我们可以清晰地看到，黑马学院的每一步几乎都抓住了市场发展的先机，而这都离不开媒体的资源优势。也正是基于这样的优势，黑马学院建立了由黑马成长营、黑马实验室、黑马城市学院等多模块共同组成的课程体系，真正成为创业教育行业的一匹黑马，取得了突出的成绩。

商学院：强大的教研能力与权威背书

在创业教育行业发展之前，商学院一直承担着商业培训的职能，MBA（工商管理硕士）、EMBA（高级管理人员工商管理硕士）等课程已发展成熟。但长期以来，商学院的培养中心却在于培养商业领袖，而非创业人才。

因此，虽然拥有强大的教研能力与权威背书，但对于创业者而言，传统商学院的入学门槛无疑过高。直到联想之星与黑马学院等创业教育先行者的出现，以及中国创业市场越发活跃，商学院才开始开设创业类课程，为创业人才提供创业培训。此时，商学院的教研能力与权威背书则成为其核心优势。

如中欧国际工商学院早在1994年就已成立，是中国唯一一所由中外政府联合创建的商学院。经过多年发展，中欧国际工商学院不仅成为中国管理知识的创造者、传播者，也搭建起中国与欧洲乃至世界经济文化交流的平台。

中欧国际工商学院拥有一支由近70位知名学者组成的世界级全职教授队伍，还拥有近20个研究中心与智库。与此同时，中欧国际工商学院还拥有一个规模庞大、阵容强大的校友网络。

如此种种，构成了中欧国际工商学院的突出优势。因此，当中欧国际工商学院于

2012年推出中欧创业营并为毕业学员颁发校友资格时，其吸引力也就显而易见了。

虽然课程费用高达数十万元，但中欧创业营提供的课程价值却物超所值。仅从课程设置来看，为期1年的创业营课程，通常设置有八九个模块，其学习场景则遍及世界各地，表4-2为第9期中欧创业营核心课程时间表。

表4-2 第9期中欧创业营核心课程时间表

上课时间	上课地点	模块设置	中欧教授＋国际大师
2020年11月	上海	产业再造：创新战略	龚焱：中欧国际工商学院创业管理实践教授、创业营课程主任 郭毅可：英国皇家工程院院士、英国帝国理工学院数据科学研究所所长
2021年1月	深圳	产业再造：创新组织	黄钰昌：中欧国际工商学院会计学教授 Bengt Holmstrom：2016年诺贝尔经济学奖得主
2021年3月	杭州	产业再造：平台化管理	陈威如：中欧国际工商学院战略学副教授 Geoffrey West：《规模》作者、世界顶级理论物理学家
2021年5月	上海	产业再造：创新生态	张宇：中欧国际工商学院战略学副教授 Robert C. Merton：1997年诺贝尔经济学奖得主
2021年6月	以色列	以色列：创新思维与平行逻辑	许小年：中欧国际工商学院终身荣誉教授 张平：以色列特拉维夫大学终身教授
2021年9月	上海	产业再造：金融创新	周东生：中欧国际工商学院市场营销学教授 黄生：中欧国际工商学院金融学副教授

（续）

上课时间	上课地点	模块设置	中欧教授+国际大师
2021年10月	瑞士	瑞德：产业全球化新思维	忻榕：中欧国际工商学院副教务长（欧洲事务）、管理学教授 Christopher Pissarides：2010年诺贝尔经济学奖得主
2022年4月	敦煌	创业营创投营共训模块	李秀娟：中欧国际工商学院管理学教授
2021年4、5、7月	待通知	私董会	龚焱、陈威如、张宇、王泰元

由此可见，中欧创业营教学全程都有中欧名师深度参与，为创业者提供知行合一的教学。此外，基于中欧创业营独有的"实境教学法"（Real Situation Learning Method），学员还将在资深教授的带队中，在简明的理论框架的指导下，真正将理论与实践、"听"（课堂教学）与"看"（企业参访）相结合，从而将所学所知有效应用到创业项目中去。

需要注意的是，创业教育行业仍然是一个新兴行业，很多从业者因此对传统商学院模式并不重视，甚至认为那些经典管理思想与方法已经过时。但事实上，近年来出现的很多"新颖"课程，其实也不过是"新瓶装旧酒"而已，那些在很多人看来过时的管理思想与方法，之所以被称为经典，正是因为其适用性。

与此同时，每一家商学院都十分重视对课程内容的持续研究，而在不断的研究中，那些理论化、系统化的知识也更容易传承。因此，背靠商学院的创业教育，就必须发挥出这些优势，为创业者提供真正有用的创业培训，而非追逐热点、盲目创新。

政府孵化器：融合当地政策，更具针对性

在孵化器模式进入中国之初，孵化器的主导者基本都是政府，但由于缺乏运营经验，除却鼎鼎有名的北京中关村和上海漕河泾、张江高科外，很多政府孵化器的孵化效果都很有限。

经过多年的发展实践，地方政府也逐渐认识到，孵化器这项工作不必自己来做，引入专业机构反而能够实现更高的孵化效率，真正发挥出政府的资源优势，推动当地经济发展。正是在这种环境下，北大创业训练营得以迅速发展为遍布全国的优秀孵化器。

但如果没有北大这样的背景优势，创业教育机构又要如何做好政府孵化器项目呢？这就需要我们的课程设计能够融合当地政策，提供更具针对性的创业教育。

政府拥有极强的资源优势，其承担前期资金、场地费用、设计装修费用等，这是政府孵化器的常见形式。作为创业教育机构，我们要做好孵化器的运营，切实为当地创业者提供优质服务。

借助政府调动社会资源的优势，政府孵化器的课程设计可以从4个方面着手。

（1）融合当地政策。由于各地经济发展规模和发展模式的不同，各地的创业支持政策同样不同。政府孵化器的课程内容必须融合当地政策，尤其是资金扶持、项目资助、税收优惠、政府采购等；在整合政策资源的同时，也做好创业者筛选工作，为政府推荐合适的支持人选。

（2）吸纳产学研资源。政府孵化器需要重视与当地高校、科研院所的交流与合作，为创业企业实现产学研结合创造机会。如当地有优秀企业，政府孵化器也可与其合作建立实习基地，为创业者提供零距离学习实践的机会。

（3）结合地方特点。政府孵化器的孵化目的是推进当地创新创业发展，因此，我们的课程设计就必须结合地方特点，如大连的东北亚经济合作、珠海的粤港澳台

合作、苏州的工业发展等。

（4）建立中介平台。创业企业的发展需要各方面资源的支持，政府孵化器则可以借助政府调动社会资源的优势，进一步建立中介服务平台，引进工商、财务、法务、人力资源、信用评估等多种中介机构，为创业者提供更加全面的服务支持。

无论如何设计，政府孵化器都应当坚持为创业者服务的原则，遵循市场发展规律，切实推动创业创新发展，而不只是追求"好看"的表面文章。

合作型：借助已经成熟的课程体系

前文所述的各类优势，其实都可以解读为资源优势，如行业资源、资金资源、媒体资源等；然而，正如无数毫无资源优势的创业者一样，如果创业教育缺乏资源优势，又该如何进行课程设计、增强竞争力呢？

此类创业教育机构需要采用合作型的发展模式，与各类优势创业教育机构建立合作关系，借助他们已经成熟的课程体系，为用户提供有效的课程培训。这实际上类似一种中介服务，我们通过对各大创业教育机构的课程体系进行分析，并针对创业者需求，向其推荐合适的学习平台。

但长期以来，聚焦"经典创业者"的创业教育行业并不需要这样拉长产业链条的运营方式——"经典创业者"的数量本就有限，创业教育机构可以有效服务好目标用户。

然而，创业教育逐渐覆盖下沉市场和草根创业者，以及线上服务模式的发展，则为合作型创业教育机构提供了整合课程资源的可能。

此时，我们完全可以建立在线教育平台，并与各大创业教育机构建立合作关系，借助对方的课程视频为创业者提供创业教育服务；与此同时，我们也可以建立创业者社群，通过运营社群，为创业教育机构筛选学员，也为社群成员提供基本的咨询服务。

借助这样的发展模式，我们也可以逐渐构建起自己的资源优势，或是背靠大企业、投资机构，或是背靠创业者社群，在创业教育行业内实现资源整合、优化培训效率。

总结来看，如果自身毫无优势，也找不到合适的合作对象，那我通常不建议进入创业教育行业——即使强行入行，他们也难以为创业者提供有效服务，更遑论助推创业。

第 5 章
为什么知名企业家都乐于过来讲课

> 课程内容要通过合适的老师来传递给学员,而师资其实也是创业教育机构的核心痛点。创业教育机构师资队伍的主要成员大多来自外部,这也使得师资队伍的维护变得困难。但为什么有些创业教育机构却总能赢得知名企业家等优秀老师的认可呢?答案就在于对老师进行分类,并采取差异化的沟通方式以及有效的邀请、对课、维护措施。

选择合适的老师来授课的原则

创业教育的课程内容必然需要通过老师来传递给学员，但面对企业家、投资人、明星创业者等各种选择，究竟什么样的老师才适合我们的机构，真正完成传递知识乃至互相成就的教学任务呢？这就需要我们遵循以下4个基本原则做出妥善选择。

领域契合

领域契合是选择老师的首要原则。每家创业教育机构都有其自身定位，也正是基于这一定位，我们才能设计出有效的商业模式和盈利模式，而我们的课程设计也都是面向特定领域的创业人群。

因此，创业教育机构在选择老师时，必须要遵循领域契合的原则，选择与创业者学员相匹配的老师。

简单而言，面向科技领域的创业教育机构更应该选择科技领域的老师，即使并非知名企业家，但如果是技术权威依然能够为学员传道解惑；而面向教育领域的创业教育机构自然可以邀请俞敏洪、张邦鑫这样的行业权威作为讲师。

如果领域不契合，我们邀请来的老师就很难讲出适合学员的干货，这既会损害学员体验，也会伤害我们与老师的关系——因为是我们的选择失当导致了这样的局面。

有干货，能讲解

创业者在参加创业教育时都有明确的需求痛点，如学习经验、获取融资、建立联系，这就要求创业教育机构的老师能够切实为其提供干货，并进行讲解。

如果老师在讲台上只是泛泛而谈，对着空洞的PPT说得慷慨激昂，学员在课堂上或许会听得心神激荡，但在课程结束之后，他们会很快反应过来，感觉这次课程毫无用处。

创业者学员需要的不是打鸡血、灌鸡汤，而是切实能够为其解决痛点的课程内容，而这就需要老师充分发挥个人优势，为学员进行详细的讲解。

有知名度或权威身份

在满足领域契合和有干货、能讲解两个原则的基础上，我们则要尽量选择有知名度或权威身份的老师。

这是因为创业者群体本身不仅是成年学员，更是在其自身企业中扮演管理者角色，此时，老师要能够掌控课程节奏和课堂纪律，知名度或权威身份则能为其赋予更多的能量。

与此同时，从创业教育机构的营销角度来看，老师的知名度或权威身份也将为我们的品牌背书，为我们的课程营销和品牌推广提供助力。

能互相成就

创业教育行业本身就带有公益性，在创业教育机构的平台上，我们与老师的关系并非简单的雇佣关系，而是互相成就的关系。

有知名度或权威身份的老师当然可以更好地宣传创业教育机构，创业教育机构同样可以帮助老师推荐人才、筛选项目。而双方互相成就的基点，则是创业者学员的成功。

当创业者学员们愿意以"某某机构校友""某某老师弟子"为头衔,他们的成功同样会给我们带来荣誉感和成就感。

因此,互相成就是创业教育机构选择老师的更高原则。所谓互相成就,就是推动创业教育机构、老师与学员的三方共赢。

如何邀请知名企业家前来授课

知名企业家一直是创业教育机构的座上宾，其知名度和权威身份也可以吸引更多的创业者学员。几乎每家创业教育机构都希望能邀请到更多的知名企业家前来授课，但如何邀请知名企业家？又如何发挥知名企业家的授课优势？这需要创业教育机构设计出有效的合作方案。

邀请知名企业家授课的优势

知名企业家的数量是有限的，其合作对象也大多是老牌创业教育机构。随着很多新兴创业教育机构的成立，这些新兴创业教育机构对邀请知名企业家的热情也逐渐减弱，甚至认为高龄的知名企业家已经落后于时代。

不可否认，"50后"的王石、"60后"的俞敏洪，这些知名企业家与如今"90后"甚至"00后"的创业者存在代际差异，很多创业教育机构因此产生怀疑：他们能否理解互联网时代？他们的经验又是否能用于当今时代？他们是否能讲好最新的创业教育课程？

诚然，知名企业家的授课大多是讲战略、讲方法，而这些方法具体如何落地、怎么实操，则需要创业者学员的独自领悟，知名企业家也不可能为其进行一对一的针对性辅导。

实际上，知名企业家的优势是为我们提供一种精神支撑。

（1）知名企业家是创业教育机构的灵魂人物。背靠大企业的创业教育机构自然能够更容易邀请到大企业的知名企业家，比如东方坐标学院邀请俞敏洪，而这些知名企业家也将自然地成为创业教育机构的灵魂人物，并为创业教育机构背书，使其能够招募到更多的优秀人才。

（2）知名企业家为创业者学员提供精神指引。知名企业家的经验或许会过时，但他们的企业家精神却不会过时。在知名企业家的授课中，知识、方法都是其次，更多是关于企业家精神、创始人精神的传递，为学员提供一种精神指引，支撑创业者正视困难、砥砺前行。

（3）知名企业家为创业者学员提供商业智慧与人生智慧。优质的产品体现了我们的生产力，但我们仍然需要优化生产关系，链接更多的社会关系、撬动更多的社会资源，来推动我们的创业成功，其中的商业智慧与人生智慧需要通过多年的摸索与总结。而这也是知名企业家能为我们带来的重要干货。

邀请知名企业家的准备工作：知己知彼

知名企业家的优势是其他老师无法替代的，但知名企业家的数量有限，使得邀请知名企业家的难度由此大增。每一次邀请知名企业家授课时，创业教育机构都需要耗费大量的人脉资源和信用资源，因此，在邀请知名企业家时，创业教育机构就必须做好万全的准备，在知己知彼中做到高效邀请，以免被知名企业家拒绝，白白浪费资源，甚至与其交恶。

1.了解知名企业家的诉求

所谓知己知彼，百战不殆。首先就是要了解知名企业家的诉求，明白知名企业家为何愿意前来授课。

在邀请知名企业家时，我们首先要表现出诚意。我们确实是慕名而来，但却并非仅仅是仰慕对方的名气,更是因为我们的学员需要对方的指导,对方的授课将为这群创业者带来非凡的价值,并激励他们为社会创造更多价值。

这其实也是知名企业家授课的核心诉求。但与此同时,我们也要站在知名企业家的角度进行考虑:虽然有这样的核心诉求,但对方为什么要选择我们这个平台来支持创业者?

举例而言,如果创业教育机构的学员都只是一群初入社会的"小朋友",那知名企业家大多不愿意安排时间前来授课,因为这对他们而言能创造的价值甚微;但如果学员本身就是一些成功企业家呢?那么他们通常愿意出席,因为通过给成功企业家授课,他们的个人品牌也会随之提升。正是因此,当君联资本邀请雷军作为讲师时,雷军只是听说学员都是金山公司的管理者,就一口答应下来。

(1)知名企业家的诉求。一般而言,知名企业家前来创业教育机构授课的诉求通常表现在3个层面。

①自身影响力或美誉度的提升。站在创业教育的讲台上,讲出一堂精彩纷呈的课,无疑能够为知名企业家带来影响力或美誉度的提升,实现个人价值的增值。

②企业业务发展的需求。知名企业家代表企业出席创业教育机构的讲堂,能够满足企业业务发展的诸多需求,比如企业品牌营销、寻找优质项目等战略性任务,知名企业家通常不会为了某个小业务而出席创业教育机构的讲堂。

③个人偏好。基于知名企业家的个人偏好,他们同样会因为对课程主题或话题感兴趣而决定出席。

(2)知名企业家的避讳。基于特定的诉求,每位企业家也都有其个人避讳,比如创业教育机构与对方企业有业务竞争关系,或对方不愿在外授课,或企业正处于公关危机状态等。在此类情况下,创业教育机构发出的邀请大多也会无疾而终。

2.满足知名企业家的诉求

在了解企业家诉求的基础上,创业教育机构则要审视自身是否能够满足对方的诉求。只有当创业教育机构了解且能满足知名企业家的诉求时,才能完善相应的准备工作。

作为创业教育机构，我们的定位是什么、我们的核心优势是什么；针对这节课程，我们的学员有哪些、他们的需求是什么、同台授课的其他老师是谁……综合而言，我们能否满足知名企业家的诉求，决定了对方是否愿意接受邀请。

只有提前考虑到对方需要考虑的问题，并找到相应的答案，我们才能带着这份诚意前去邀请；否则，我们的邀请看上去更像是一次撒网式的"碰运气"，既无法展现自身诚意，也难以实现高效邀请。

邀请知名企业家的实施工作：精心准备、广开渠道、坚持不懈

经过完善的准备工作，创业教育机构就可以尝试邀请知名企业家前来授课。为了提高邀请的成功率，并与对方建立良好关系，邀请知名企业家的实施过程主要有3项重点工作。

1.精心准备

为了进一步完善邀请知名企业家的准备工作，创业教育机构可以引入完整的背调流程。

所谓背调，即背景调查，是企业招募职员的常用手段，同样可以作为创业教育机构邀请知名企业家的重要手段。需要注意的是，创业教育机构针对知名企业家的背调，并不是为了检验对方的资质，而是为了寻找邀请知名企业家的突破口，其目的主要体现在两个层面。

（1）定制邀请方法。每位知名企业家的诉求、避讳各有不同，我们在邀请知名企业家时必须遵循"一人一定制"的原则，通过对知名企业家的充分分析，展现我们对其诉求的理解及重视，并针对对方诉求阐述我们的优势，从而赢得对方认可。

（2）寻找人脉关联。一般而言，创业教育机构很难与知名企业家直接建立联系，这就需要我们通过各种人脉资源与对方建立连接。在背调的过程中，我们就可

以通过充分的调查寻找可以借用的人脉关联，从而通过人脉资源向其发出有效邀请，而不是一封被归为垃圾邮件的邀请函。

2.广开渠道

想要邀请到知名企业家，创业教育机构就必须通过人脉资源与其建立连接，继而借助人际关系邀请知名企业家，这也是决定邀请能否成功的关键环节。因此，创业教育机构就需要广开渠道，善用人脉和信用背书来确保邀请成功。

在实施过程中，就算我们通过各种渠道获取了知名企业家的手机号，我们也不应该直接打电话过去，邀请对方前来讲课。这种做法得到的反馈很可能是："你是哪家机构的？怎么弄到我的手机号的？"

知名企业家的社会地位决定了对方只能通过人脉连接的方式进行邀请。我们无法像邀请投资人那样直接上门拜访，更无法像邀请专业人士那样直接借助猎头，我们只能通过人脉资源逐层与知名企业家建立联系。

此时，基于"中间人"的人脉和信用背书，知名企业家通常也不会直接拒绝邀请；即使对方确实因为日程或其他问题不得不拒绝这次邀请，下次也会倾向于应邀出席。

需要注意的是，这里的人脉资源并非简单的"认识"，而是真正的熟悉并认可，只有如此，对方才会帮你去建立联系。

但无论关系多么亲密，在借助对方的人脉资源进行邀请时，我们也要提前说明情况：我们邀请对方的目的、我们能够提供什么、对方需要做什么……只有在全部了解并且认可之后，对方才会真心实意地帮助我们建立连接，否则，对方也会产生疑虑，害怕因此引起知名企业家的反感，损害双方的人际关系。

3.坚持不懈

每家创业教育机构都曾有过被知名企业家拒绝邀请的经历。但在被拒绝后我们又该如何处理呢？答案只有一个，那就是坚持不懈。

任何人的时间和精力都是有限的，知名企业家总是会收到各种各样的出席各种活动和会议的邀请。如果全部答应，那基本上一天24小时也是不够的，所以他们必然有所选择。

他们选择的原则，除了前面所提到的价值、人际关系之外，也会考虑风险。企业家出席其他机构的商业活动，代表了一种背书。如果知名企业家出席的创业教育机构出现问题，那他本人甚至他背后的企业都会因此受累。所以，知名企业家拒绝不甚了解的机构或人的邀请都在情理之中。

在邀请知名企业家前来授课时，我们要通过精心准备和人际关系来提升邀请成功率，尽量做到一击即中，但即使对方当时拒绝邀请，我们也无须气馁。如果我们认定了对方是合适的人选，我们就应当继续坚持。但坚持不懈不是短时间内反复邀请——这可能导致对方的反感。

一方面，我们应保持和对方的联系，定期更新机构的培训进展，包括学员、讲师等；另一方面，要寻找新的时机，再次发出邀请。这些工作需要时间和耐心，待到对方对我们有了更多的了解和信任，他们就有可能最终接受邀请。重要的是，不要把对方的出席当作是工作的结束——我们要把第一次的接触看作是建立长期关系的开始，从而帮助组织开拓宝贵资源。

如何与知名企业家建立长期关系

创业教育机构邀请知名企业家授课，不仅要着眼于单次邀请的成功，更要着眼于长期关系的建立，也即人脉的连接。如此一来，即使此次邀请被拒绝，我们也能期待下一次合作；而在一次愉快的合作之后，创业教育机构也将有机会邀请对方持续来授课，或借助对方的人脉连接更多的知名企业家。

为此，创业教育机构可以采取以下几种方式来建立长期关系。

（1）定期的联系。创业教育机构应与知名企业家保持定期的联系，这种联系不能简单地局限于节日问候，而应对其近况保持足够关注，在对方获得重大成就时及时表示祝贺，也可以向对方展现自身获得的重大成就。在此基础上，创业教育机构高管最好能够与知名企业家建立个人关系。

（2）学员信息的反馈。在知名企业家授课之后，创业教育机构也可以向对方反馈关于学员的重要信息，尤其是对方重视的学员的信息。在推动双方交流的同时，也让创业教育机构成为重要的连接平台。

（3）定期的感激表达。为了感谢知名企业家的授课，创业教育机构也要定期向其进行感激表达，送上一份具有纪念意义的小礼物，如纪念册、感谢信等，或是给予一份关于创业教育的名誉，比如名誉讲师等。

如何邀请投资人前来授课

几乎每位创业者学员都十分欢迎投资人作为授课老师，因为投资人是满足创业者学员融资需求的最佳渠道。同样，一位出身大牌投资机构的投资人，也能够为创业教育机构吸引到更多的创业者学员。

邀请投资人授课的优势

投资人的优势就是：看得多、看得广、看得远。投资人见过太多创业失败的案例，普通创业者每年可能只见到几十位创业者，创业教育机构或许每年能接触到一两百位创业者，但投资人每年却需要详细评审五六百个创业项目，并对该项目进行精准判断。

因此，投资人在授课时能为创业者讲授更多的创业经验，虽然没有投资人敢于夸口有创业成功的万能公式，但他们对创业道路上的陷阱与难点却了如指掌，对于难以成功的项目也能快速辨别。

这样的课程内容对每位创业者学员都有重要意义，创业者既可以借此避免走上创业弯路，也能汲取更多成功创业项目的经验。

与此同时，投资人的投资机构背景也表明了投资人的另一优势——融资渠道。

投资人来创业教育机构授课的一个核心驱动力就是找项目，这就能够充分满足创业者的融资需求。

每一位投资人的授课都可以帮助创业教育机构吸引更多的创业者学员，而更多的创业者学员也能为投资人提供更多的创业项目。在双方投融资需求的有效对接中，创业教育机构的价值也将得到提升。

正是因此，投资人是最容易邀请的讲师，只要学员拥有优质的项目；但同样也是最难邀请的讲师，因为投资人对项目十分挑剔。

如何向投资人讲述学员优势

投资人需要看到值得投资的项目，才愿意前来授课；学员也希望在投资人面前展现自身潜力，来获取融资。基于这样的需求场景，创业教育机构就需要做好中间人的角色，向投资人讲述学员优势，从而吸引投资人前来授课。

而要向投资人讲好学员的优势，我们就要明确投资人的关注点。

创业投资是一项失败率极高的投资活动，投资人承担着高风险自然会要求高回报。通常而言，创业投资对成功项目的收益预期是10倍以上的回报，因此，他们关注的就是此类投资项目。

从投资回报的角度来看待创业项目，其关注点通常集中在：市场前景、团队背景、发展潮流、目标客群、差异化竞争力、执行力。这些都是评判创业项目未来发展的重要因素，而我们要介绍学员优势，正需要从这些角度出发。

在介绍优秀学员之前，我们要从学员整体出发，说明整体学员的概况，如创业成绩、团队背景、融资情况等，从而让投资人对学员整体素质产生期待。

而关于优秀学员的介绍，则主要包括以下内容。

（1）项目概况。包括该学员的项目主要是做什么的，处于哪个阶段，融资需求情况。通过简明扼要的介绍，让投资人对项目有一个大概的了解。

（2）市场痛点。包括该学员的项目能够解决什么问题，市场上有多少人遇到了这样的问题，目前的解决方案又是什么。

（3）解决方案。针对市场痛点，该学员能够提供怎样的解决方案，这套解决方案相比现有方案的优势是什么。

（4）验证情况。该解决方案是否已经得到验证，比如在市场上取得了一定成绩，或是已经获得了一轮融资。

（5）团队背景。该学员的创业团队都有哪些人、背景如何，是否有过创业经历。

（6）融资计划。该学员的融资计划是什么，需要多少钱、用来做什么。

通过这样的完整介绍，投资人就能够对优秀学员有一定的了解，并产生兴趣。而我们要做的就只是引起其兴趣而已，至于更多的细节信息，投资人则可以在授课过程中详细了解。

如何维持与投资人的关系

投资人的授课动机就是寻找优秀的创业项目，因此，创业教育机构要维持与投资人的关系，唯一的方法就是让投资人能在培训过程中看到优质的投资项目。

而要做到这一点，创业教育机构就要做好项目的筛选和推荐。根据投资人的投资偏好，为其筛选和推荐合适的投资项目；而在投资人前来授课后，也要做好投资人与学员的"中间人"，撮合双方达成合作。

需要注意的是，很多创业教育机构在为投资人推荐项目时表现得来者不拒，全班40个学员，他们能递过去30多个项目计划书。这样的介绍方式，只会让投资人对机构产生轻视。

因此，创业教育机构必须经过初步筛选之后，在确定项目确实优秀时，才将其推荐给投资人；而在投资人需要对项目进一步了解，或对项目产生投资意向，或与其他投资机构相互竞争时，创业教育机构则要为投资人提供助力。

如何邀请大企业的管理者前来授课

相比于成名已久的企业家或出身创投的投资人，大企业管理者才是真正身处业务一线的老师，能够为创业者学员提供更具实操性的课程内容。但同样区别于前两类老师，大企业管理者既有明显的优势，也有明显的劣势，我们需要妥善处理与大企业管理者的关系。

邀请大企业管理者授课的优势与劣势

面对知名企业家"邀请难"的问题，有些创业教育机构会"退而求其次"，邀请大企业管理者前来授课。但要明确的是，大企业管理者或许名声不显，但此类老师同样有其授课优势，而非所谓的"退而求其次"。

相比于知名企业家，同样出身大企业的管理者却能够为学员提供更具实操性的课程，为创业者学员提供切实可行的实操方案，来解决业务发展中遇到的具体问题。

虽然部分创业者学员会对大企业管理者表现出一定的排斥心理，比如"他的成绩都是依托大企业的平台或资源优势"，但我们都知道，大企业管理者需要对整个业务部门的业绩负责，而其能获取的大企业资源也许只有大企业的品牌而已，他们甚至还要应对大企业都无法避免的内部斗争。

因此，大企业管理者的实操经验对于创业者而言有着丰富的借鉴意义。尤其是大企业创新业务的管理者，他们做的业务甚至可能与创业者相近，创业者遇到的问题，可能他们也是刚刚找到解决方案。

与之相对的，大企业管理者授课的劣势也十分明显，那就是缺乏创始人心态。

我在联想之星时曾经邀请某企业的二把手前来授课，课程主题是战略管理——正是在战略管理方面的突出优势，使得这位二把手后续得以升任企业的CEO。然而，在我与他对课的过程中，他却表现得很犹豫："这个课程内容我可以讲，但有一点我却讲不出来，因为我能提出战略管理的建议，但最终拍板的还是老板，这个做决策的心态我是没有的。"

这就是大企业管理者授课的劣势所在，因为不是企业的最终决策者，他们可以提供多个方案，并可以计算出各种方案的成功率，但他们却无法站在创始人的角度做出选择。因为对于创始人而言，一旦决策失误，企业不仅要面临资金、资源等方面的损失，更重要的是会付出机会成本，在短短的一年间，企业就可能失去市场领先地位。

因此，大企业管理者在业务层面虽然能够为学员提供极大的价值，但在精神层面却无法给创业者学员提供支持。而创业教育机构就要做好内容的协调，让老师与学员在实操层面产生共鸣和交流。

做好调查工作再邀请

大企业管理者一般不愿到外面授课，一方面是因为有些大企业有相关的纪律要求，不允许管理者外出授课；另一方面则是管理者害怕在授课过程中泄露了企业机密，损害企业利益，尤其是当学员中有同行竞争者时。

比如某些知名企业就明确禁止高管在外授课，严重者甚至会直接开除，只有当这些管理者离职或退休后，才能外出授课。

因此，在邀请大企业管理者前，我们必须做好调查工作，明确对方所在的企业是否有相关规定或忌讳，避免碰壁。

在调查过程中，我们要通过多个渠道了解对方企业的相关规定。因为外出授课在很多企业并非明文规定，我们很难通过单一渠道来了解，因此，我们需要做好充分调查，比如了解该企业是否曾有管理者外出授课的情况，如果有这种情况，则可以通过相应渠道进行调查。

只有在确保对方所在的企业没有相关规定或忌讳时，我们才能将对方列为候选人。但在此后，我们还要了解学员的相关信息，在排除学员业务与对方企业存在竞争关系之后，才能向其发出邀请。

授课后的关系管理技巧

大企业管理者虽然难以与创业者学员建立精神共鸣，但他们在实操层面的突出优势，却使其成为创业教育机构师资队伍的重要组成部分。

因此，创业教育机构要做好授课后的关系管理，与大企业管理者维持良好的合作关系。其中的一个关键技巧就是抓住对方的授课诉求。

与投资人单纯为了寻找优质创业项目的诉求不同，大企业管理者在同意授课时，其动机却各不相同。我们需要准确判断对方的动机，再进行关系管理。

（1）课酬。部分大企业管理者外出授课的诉求就是赚取课酬，对于这部分老师，如果我们认可对方的授课能力，就可以从商业合作的角度进行关系管理，在维持日常沟通的同时，我们也要为对方量身打造授课合同，与对方建立长期合作关系。

（2）个人品牌。创业教育机构的讲课邀请，实际上是对大企业管理者的一种认可，是提升对方个人品牌的有效手段，这也是很多大企业管理者外出授课的核心诉求。因此，我们就要帮其进行包装宣传，比如通过授予对方优秀讲师称号等方式来维持合作关系。

（3）行业交流。有些大企业管理者外出授课，则是为了通过与同行创业者进行充分交流，来了解行业发展趋势，提升自身管理能力。对此，我们则可以通过建立行业交流社群，让对方融入我们的社群体系中。

（4）创业机会。部分大企业管理者则是自己有一颗创业心，想通过与创业者的交流来寻找创业机会。此时，我们可以邀请对方旁听其他创业课程，为其提供更多价值。

如何邀请创业者前来授课

创业者是创业教育市场最具活力的人群，事实上，整个创业教育行业都是为创业者提供服务、创造价值的；而与此同时，创业者同样可以反哺创业教育行业，走上创业教育的讲台，为同行者提供经验交流。

邀请创业者授课的优势与劣势

创业者作为创业者学员中的一员，对学员拥有极强的同理心，这也是创业者作为老师时最突出的优势，他们能够很快与创业者学员建立共鸣。这也是知名企业家、大企业管理者在授课时都难以达成的效果。

知名企业家早已走过了艰辛的创业道路，他们也不会在课堂上叙述当初的痛苦；大企业管理者则更是缺乏相关经验，更缺乏"创始人心态"。

创业者的另一个优势则是所讲内容有较强的实操性。每位能够走上讲台的创业者，都已经走过一段创业路程，解决了相当多的创业难题，并取得了一定成绩。这样的创业者自然可以为创业者学员提供更多的经验指导。

但与这些突出优势相对的是，创业者权威性不够。

一般而言，与知名企业家、投资人等老师相比，创业者的权威性都处于较低水平。首先，因为大部分创业者仍在创业路上，缺乏最终的成功作为支撑，即便有些企业能够顺利IPO，但上市后的业绩表现也未必能达到行业翘楚的水平。其次，虽然明星创业者通过创新让企业在创业初期发展迅速，但依然可能由于各种各样的原因很快衰落，其在高光时期的"成功模式"是否可被复制有待验证。尤其是在现今社会中，创业和资本密切结合，很多明星创业企业的发展依赖于大量资本的投入。最后，由于创业者天然存在"吾当取而代之"的傲气，所以他们对同等阶段的创业者，并不会表现出全然的信服。

根据诞生于硅谷的技术成熟周期曲线，每项新技术都会经历诞生之初的快速发展期，进而到达市场期望过高的峰值，在泡沫破灭之后则会陷入谷底，经过市场筛选出成功且能存活的经营模式后，该技术则会稳步发展逐渐进入成熟期。

因此，创业教育机构在邀请同为创业者的创始人作为讲师时则要保持慎重，切忌因为市场非理性的渲染、媒体的过度报道或某个好听的故事而跟风追捧某个早期创业者，以免赢得满堂喝彩的课程之后因为其项目失败而留下一地鸡毛，进而损害创业教育机构的声誉，甚至影响当期学员的创业道路。

邀请时的特殊策略与技巧

鉴于创业者的独特情况，他们虽然能够为创业者学员提供更具实操性的授课，并与创业者产生共鸣，但为了规避其权威性不足的劣势，我们在邀请他们作为老师时，就要采用一些特殊的策略与技巧——交流而非教授。

创业者的实操经验以及同理心能让他们迅速与创业者学员打成一片。但既然同为创业者，未来各自的发展其实都不可知，各自经验的价值同样无法确定，在这种情况下，与其将创业者捧到较高的地位，不如打造出交流学习的氛围，让双方通过充分交流、思维碰撞，找到更具实操性的发展道路，甚至在今后的发展中建立互助互利的合作关系。

如何邀请专业人士前来授课

专业人士通常是在某个专业领域掌握了精深的知识和技能，他们能够在这些领域为创业者提供实操性的指导。一般而言，专业人士也大多愿意将知识变现。创业教育机构可以根据课程需要选择合适的专业人士，并说服对方前来授课。

邀请专业人士授课的优势与劣势

专业人士在专业领域的知识与实操经验毋庸置疑，这也是他们作为创业教育老师的核心优势。创业者在企业发展过程中遇到的各种专业问题，都可以从专业人士这里找到答案。

然而，正如大企业管理者一样，专业人士同样缺乏"创始人"心态；与此同时，专业人士的另外一个劣势就是对创业不了解。

尤其是当专业人士是大企业职能部门负责人时，他们的课程内容就很难融入创业教育中，因为创业企业在起步阶段并不需要如此专业的财务、法务知识。

我也曾经开设过财务管理课程，并先后邀请3位财务总监作为老师，但最后仍然不得不将这门课程舍弃。因为完善的财务管理体系是大企业的标配，小企业根本学不会也不需要。

即使我们反复强调"创始人心态"或创业者角度，要求从资金调配、投融资的角度去授课，但在实际授课的过程中，专业人士仍然容易陷入专业知识的怪圈，虽然他讲得兴致勃勃，但学员却没什么兴致。

因此，我们在充分发挥专业人士专业优势的同时，也要协助专业人士做好备课工作，让课程内容切实符合创业者学员的需求。

如何说服专业人士前来授课

专业人士大多愿意将知识变现，对于专业人士而言，可供选择的变现渠道有很多，传统的变现渠道如专业顾问，更是能够为他们提供便捷且快速的变现方式。

那么，对于专业人士来说，创业教育机构的优势又在哪里呢？这就是我们需要说服专业人士的关键问题。

任何专业人士的专业知识与技能都需要与时俱进，只有如此，才能确保其在专业领域的优势。但市场的快速变化却使得很多专业人士难以及时跟上时代的步伐；很多行业甚至因此直接被消灭，相关专业人士的专业知识甚至由此变成"屠龙术"。

而真正要与时俱进，仅仅依靠行业交流或在行业内提供咨询服务，那无疑会让自己陷入信息茧房，失去对行业外部变化的敏感性。

创业教育机构则为专业人士提供了与时俱进的机会，让专业人士得以贴近时代发展潮流，真正实现专业知识的实时更新，让自己能够持续保持专业优势。

从短期收益来看，在创业教育机构授课，事实上也是为专业人士提供了一批潜在客户群。只要专业人士的专业知识能够得到创业者的认可，那专业人士就可以与他们建立专业咨询关系，从而获取更多收益。

因此，无论是从专业人士的自身发展，还是从收益增加的角度来考虑，创业教育机构都能为他们提供相当大的价值，而这样的价值就是我们说服专业人士前来授课的核心。

如何与专业人士谈课酬

专业人士的授课需求大多都是知识变现，也就是课酬。那么，创业教育机构该如何与专业人士谈课酬呢？尤其是在我们对专业人士的专业能力、授课能力尚不了解的时候。

从纯粹的商业合作角度来看，创业教育机构在与专业人士谈课酬时，完全可以在商言商，通过一套完善的课酬管理机制，借助讲师评级、课程难度、课程时长、课程效果等各项指标，确定专业人士的课酬水平。

为此，创业教育机构可以引入这样一个课酬计算公式

总课酬=课酬基数×级别系数×难度系数×课时系数×绩效系数

（1）课酬基数就是基本的课酬价格，我们可以根据行业标准进行定价，如5000元。

（2）级别系数则是通过专业水平、授课效果等，对老师进行评级并确定级别系数，比如初级讲师的讲师系数为1.0，中级讲师的讲师系数为1.2，高级讲师的讲师系数为1.5。

（3）难度系数则是对课程难度的评级，我们可以从课程主题难度和是否为原创课程等角度进行评级。

（4）课时系数，一般可以按照3个小时、5个小时两个节点将其分为3个级别。

（5）绩效系数则是对专业人士课程效果的综合评价，这个系数的确定要充分考虑学员的评价情况。

其实，各领域的专业人士都有一个共同点，那就是"不怕规则严、就怕没规则"，而明确且公开的课酬管理机制则是赢得专业人士认可的关键。

如何维护师资资源，保持课程稳定

背靠大企业、投资机构、政府等各类平台，创业教育机构可以获得相应的核心资源，并由此建立资源优势。但由于师资资源大多源自外部，所以我们必须做好维护工作，才能保持课程稳定。

了解并满足不同老师的诉求

创业教育机构总是想要邀请各种行业权威前来授课，但在邀请他们之前，我们有没有认真考虑过：老师们为什么要来授课？又是什么原因让他们拒绝授课？换言之，老师前来授课的诉求究竟是什么？

只要了解并满足了不同老师的诉求，我们就能顺利邀请到心仪的老师。

每位老师在创业教育机构授课都是为了满足其独特的诉求，如知名企业家想要提升个人品牌，投资人想要"狩猎"优质项目，创业者希望借此赢得认可，专业人士则可能只是为了获取课酬。

我们要切实维护好师资资源，就必须了解并满足不同老师的诉求。这就构成了维护师资资源的核心原则——一人一定制。基于不同老师的不同诉求，创业教育机构应当为其定制邀请方案。

师资是创业教育机构发展的核心痛点，也是创业教育机构将课程内容传递给学员的重要通道，因此，我们在对待老师时就必须给予足够的重视，切忌将师资建设当作员工招募，因为创业教育的每一位优秀老师都是机构发展的重要资源，也是机构竞争力的重要组成部分。

要知道，如果我们无法坚持了解并满足不同老师的诉求，那老师自然会用脚投票，前往其他创业教育机构进行授课。

更好地与老师沟通协商

无论是知名企业家、投资人，还是大企业管理者，或是创业者、专业人士，在邀请他们担任老师时，我们就要与其进行有效的沟通协商，避免出现"买卖不成仁义不在"的尴尬。

1.充分表达尊重

"我们这有一批学员，想请你来讲个课，你准备一下。"相信没有创业教育机构在邀请老师时会这样表述，因为我们都知道，邀请老师需要表达尊重。

但所谓的充分表达尊重，并非一味地点头哈腰、溜须拍马，而是真正表现出我们的重视，在认真了解老师的诉求和优势之后，拿出一套令对方满意的课程方案，确保课程主题、学员构成、同台讲师都符合对方的要求。

我有时会拒绝创业教育机构的邀请，因为当他们说明课程主题之后，我就明白：对方没有提前了解我擅长的授课内容，这样的课程主题是我的薄弱项目，我也没法讲好。

2.提供细节信息

如果面对创业教育的老师时只是一味表达邀请之意，但却并不提供任何细节信息，那么老师就很难决定是否要授课。因为老师同样要确认自己是否能够讲好这堂课——如果讲砸了，那就是毁了自己的招牌。

因此，在与老师沟通协商时，我们一定要准备好细节信息，并主动提供给对方，如有多少名学员、学员的主要构成、学员的主要需求等。只有基于足够的信息，老师才能做出决策；后续来看，也只有基于这些信息，老师才能做好备课工作。

在此过程中，尤其要注意的一点是，我们一定要向老师提供真实的、确定的信息，切忌因为信息的缺失或失真，使得老师的预期与实际情况不符，导致备课失误或老师不满的局面出现。

3.采用引导话术

老师是否会应邀授课，其实在前期准备阶段就已经可以大致确认。如果创业教育机构的邀请符合对方的诉求和优势，课程的各项细节也都与对方的情况相匹配，那唯一的问题就在于时间。

因此，在与老师的沟通协商中，我们要善于采用引导话术，尽量避免"您能不能来"这样的话术，而是采用"您准备讲什么""您什么时候来""你准备怎么讲"这样的话术。

这样的引导话术，不仅能够避免给对方直接拒绝的理由，也能更进一步表达我们的尊重："这节课由您来讲最合适，我们一定要邀请到您。"

提前与老师对课、催课件的策略与技巧

当我们成功地邀请老师出席后，为了确保老师的授课质量，就必须要提前与其进行对课，并确保对方按时、按质地准备好课件。

1.对课

对课的过程，其实就是帮助老师梳理授课思路，让老师的优势可以充分发挥，并满足学员需求。

（1）准备工作。事实上，在邀请老师之前，我们就要做到对学员和老师进行充

分了解，让资源与需求能够得到有效对接。而在与老师对课时，我们就要将学员信息提供给老师，让老师可以基于这些信息准备课程内容。

（2）提出建议。对课不仅是给老师一个题目，而且要与老师一起来明确授课重点。为了提高对课效率，我们可以提前准备并向老师提出建议，避免老师事务繁忙，无法有效备课。

2.催课

在大多数情况下，老师并不需要提前准备授课材料（PPT），一般只有到提前彩排时，才需要将老师的PPT融入其中。但为了保证课程质量，我们还是要进行催课。

催PPT其实就是催促老师提前备课，因为对于很多老师而言，授课这件事情并非他们的主要工作。在优先级的排序上，备课被排在了相对靠后的位置，直到授课时间临近甚至到授课前一天，老师可能才想起需要备课，此时，很多老师就会挑选一个旧版PPT，做出一定改动之后就拿来授课，这无疑会影响课程质量。

当然，"连环夺命CALL"式的催课，也会让老师产生反感。因此，催课也要掌握方法。

（1）提前确定时间，留出富余的备课时间。我们先要与老师提前确定好授课时间，并留出足够的备课时间，避免老师因为其他事项而没有时间准备课程。

（2）分阶段提醒，切忌操之过急。在正式授课前的较长时间里，我们可以分阶段提醒，比如每周提醒一次，或准备工作每进入一个新的阶段提醒一次，以免过于频繁的提醒引起对方反感，但也不要等到最后一天才去提醒，那同样会影响课程质量。

向老师表达谢意的方法

在老师授课之后，创业教育机构必然需要向老师表达谢意。此时，我们要掌握合理表达谢意的方法，根据老师的需求和喜好，选择合适的表达谢意的方法。

1. 金钱

需要明确的一点是，除了明确表示需要课酬的老师，我们要慎重采用金钱作为表达谢意的方式。

（1）知名企业家、投资人。对于知名企业家、投资人而言，我们拿出的课酬可能不值一提，此时，给钱反而是对老师的不尊重。

（2）大企业管理者。大企业管理者则要区别看待，有些大企业管理者在授课时通常是明码标价，明确自己的课酬标准；但有些则不然。

（3）创业者。对于创业者而言，金钱则可能是一种合适的表达谢意的方法，因为创业者每月的工资可能不超过10000元，有的人甚至不给自己发工资，此时，课酬则能为对方提供一定的资金支持。当然，对于拥有丰富资金资源的创业者，我们则同样不能用金钱来表达谢意。

（4）专业人士。专业人士更多的是会明码标价的老师群体，他们参与授课大多都是为了将知识变现，获取收入。对此，我们则可以提前商议好合适的课酬标准。

2. 礼物

在大多数情况下，礼物都是比金钱更适合的表达谢意的方法。礼物可以避免金钱的俗气，也能更好地表达我们的重视——前提是我们的礼物赢得对方喜爱。

（1）不出错的经典款。如果我们不是很清楚老师的喜好，可以选择一些经典款的礼物，来避免礼物不符合对方喜好，甚至引起对方反感。一般而言，送女士丝巾、送男士皮带都是不容易出错的选择。

（2）定期送礼、维护关系。讲师资源是有限的，为了维护与老师的关系、与老师建立黏性关系，我们就要定期给对方赠送礼物。一般而言，教师节、周年庆等是定期送礼的合适时机，尤其是在教师节时。我们也无须赠送过于贵重的礼物，只需送上一束花来表达敬意即可。

（3）避免贴Logo。很多创业教育机构会选择日常使用的物品作为礼物，并让礼物上带有自己的品牌Logo，比如印有品牌Logo的签字笔。但现实却是，但凡有Logo的物品，老师都基本上都不会使用，因此，无论我们选择什么礼物，如果你的品牌不是行业顶尖品牌，还是要避免画蛇添足地贴上Logo。

注重通过社会关系维护师资

在维护师资资源时，我们必须要谨记一点：我们的所有出发点必须是关注对方这个人，而不是关注他讲的课。

创业教育本身就同时具备公益性与商业性两种属性，即便创业教育机构本身以商业性为主，将师资建设看作一种商业行为。但对于大多数老师而言，他们的授课其实都以公益性质为主。

因此，在维护师资时，我们要尽可能用社会关系来连接，而不是利益来连接。

事实上，除却专职授课的老师之外，如果只讲利益，那能够来创业教育机构授课的老师，大多可以用这些时间和精力来创造更大收益。

在与老师的日常沟通中，我们始终要从公益角度出发，告诉老师："你们为学员带来了很多有价值的东西，学员对此表示感激，他们也凭此获得了成功或少走了弯路。"这其实也是创业教育的价值所在。

而从师资建设的角度来看，当我们能够与老师建立社会关系的连接时，我们不仅能够更顺利地邀请到合适的老师，也能通过这些老师的社会关系，邀请到更多的优秀老师。

此时，为了回报这些贡献突出价值的老师，创业机构要做的当然不是简单地给钱、送礼物，而是要切实地为对方创造价值，那就是让我们的机构平台不断成长，在行业内建立影响力、吸引到更多的优质学员，让每位前来授课的老师都能通过我们的平台来提升自身品牌价值，真正实现创业教育机构与老师、学员的三方共赢、互相成就。

师资建设是创业教育永远的痛

创业教育机构可以选择的老师看似很多，但师资建设却是创业教育永远的痛。几乎每家创业教育机构在策划课程前，都会为邀请老师而头疼，甚至陷入"无师可邀"的困境。

目前来看，大多数创业教育机构的老师都源自外部，这并不是因为创业教育机构不愿意投入成本建立稳定的师资队伍，而是因为创业教育对课程实操性的较高要求，使其对老师的资质与经验也有较高要求。

而在这种局面下，优秀老师或知名讲师就成了一种稀缺资源，使创业教育的师资市场陷入供不应求的状态——不仅是因为老师数量有限，还因为对方的时间和精力有限。

除了部分专职讲师或教授外，授课对于外部老师而言都只是次要工作，他们都有自己的主业需要处理。如俞敏洪等知名企业家，如沈南鹏等知名投资人，他们的主要精力都投入企业运营当中，能够分给创业教育的时间实在有限。

因此，每一位适合授课且愿意授课的老师，几乎都会收到不同创业教育机构的邀请，因此，我们也很难实现对优秀老师或知名讲师的"独占"。创业教育机构必须珍惜并维护每一位优秀老师，从而保持课程的稳定。

长期来看，优秀老师或知名讲师供不应求的问题仍然难以改变，对此，创业教育机构为了维护师资资源、保持课程稳定，可以从以下3个方面着手。

1. 挖掘讲师资源

优秀老师或知名讲师的资源确实有限，但市场上仍有大量可以解决创业公司实际问题的专业讲师或咨询师，这部分讲师资源却没有得到高效的利用。

这是因为，很多创业教育公司仍然以"名"为先，他们希望借助优秀老师或知名讲师的"名"来吸引学员，但却忽视了部分能够解决实际问题的讲师资源。

因此，在进行师资建设时，创业教育机构要改变观念，充分挖掘讲师资源，以学员需求为先,增加专业讲师的利用率。

2.细分用户、讲师组合

基于学员的学习需求以及师资队伍的现实情况,创业教育机构可以进一步细分学员用户,结合各类讲师的主要特点,针对不同的用户需求对讲师进行分层及组合,形成特定的讲师组合。

(1)知名企业家。此类讲师可以提升机构品牌价值,并向学员传递企业家精神。

(2)投资人。此类讲师具有更开阔的行业视野,并能够帮助机构和学员解决投融资问题。

(3)大企业管理者。此类讲师可以提供规模业务和组织问题的落地方案,使培训更具实操性。

(4)创业者。此类讲师可以与学员分享实践经验,在相互交流中共同成长。

(5)专业人士。如咨询师、顾问、教授等讲师,则能为学员提供专业理论知识、特定问题的专业意见、跨领域认知拓展,满足创业企业不同发展阶段、各个专业领域的需求。

综合上述主要讲师资源,创业教育机构无须做到面面俱到,可以根据学员的特定需求,设计相应的课程方案及讲师组合,无须每场培训都配备优秀老师或知名讲师,以免落入"无讲师可用"的困境。

3.培养内部讲师

在对外部讲师进行特定组合利用的同时,创业教育机构也要坚持培养内部讲师,形成自己的特色课程,从而构建机构的核心竞争力,避免"老师不来、机构就倒"的尴尬。

基于内部讲师的培养,创业教育机构的课程体系建设可以从3个方面着手。

(1)通过持续研究,形成独具特色的方法论或课程体系。该方法需要创业教育机构投入相当长的研究时间,也对内部讲师的专业性和稳定性提出了更高的要求,但一旦研究成功，其课程也极具独特性。

（2）直接购买版权课程。通过在全球范围内寻找课程资源，创业教育机构可以快速建立起经过反复验证的课程体系，但需要投入较高的采购成本，且需要经过二次开发才能实现落地，从而符合内部讲师及机构自身特色。

（3）直接邀请拥有知识产权的讲师加盟。该方法更加直接，且速度同样快，但机构需要付出更高的成本，甚至是以股权为代价，才能吸引到此类讲师的加盟。

第6章

如何招到你想要的学员

评估创业教育机构的优劣，并不以其硬件如校园、设备等为标准，也不只依赖其软件如师资、知识产权等，而主要看其所培育的学员如何。所以，创业教育机构要想雕琢出价值连城的和氏璧，就要去寻找最好的璞玉——这正是招生工作的本质。

品牌的价值在于吸引合适的人

在开始制定招生计划之前,我们首先要想清楚我们想要服务什么样的创业者,我们的课程对什么样的创业者最有帮助,通过哪些渠道可以触达这些创始人,以及用什么样的品牌定位和营销手段才能让他们"眼前一亮"。

营销是面向特定受众的、有针对性的宣传手段,对于创业培训来说,只有招到自己想要的人,才能实现其所设计的课程和师资的效用最大化,商业模式才有可能得以持续。

无论是商业模式、盈利模式,还是课程设计、师资队伍,种种要素最终都将汇聚成为创业教育机构的品牌价值。随着品牌价值的形成,我们就能真正建立稳固的市场竞争优势,并形成持续向上的发展势能,此时,即使我们偶尔难以邀请来知名的讲师,我们的品牌同样能够吸引优质的创业者。

品牌是机构和个人最值钱的资产

IP营销是近年来热门的现象级词汇,所谓IP原本是指知识产权(Intellectual Property),如今,随着互联网营销的不断发展,IP的含义则被引申为品牌价值,是指品牌凭借自身吸引力挣脱单个平台的束缚,在多个平台发挥品牌效应。

IP营销流行的背后，就是品牌价值的凸显。如今，品牌已经成为机构或个人最值钱的资产，对于创业教育机构或讲师而言同样如此，比如俞敏洪之于东方坐标学院。

品牌价值作为一种无形资产，虽然在会计准则中有明确的计算方法，但在实际操作中，从业者对此却大多有不同的理解，比如品质、品位、文化、个性等。创业教育机构要打造品牌价值，其实就是要让自身品牌成为学员愿意佩戴的标签。

举例而言，所有中欧创业营、浙江湖畔创业研学中心的学员，都愿意佩戴并展现对应的品牌标签。在创业圈里，"联想之星学员""湖畔校友"都能为创业者带来一种光环，并成为吸引投资的重要元素。

创业教育本就是"教育—成人教育"下的细分市场，而要在这样的市场中实现突破，创业教育就必须建立起自己的品牌。事实上，课程内容会不断迭代、优秀讲师也不断更迭，但在各种元素的积累下，当创业教育机构形成了自己的品牌价值时，能带来更加稳固的竞争优势。

一个优秀的品牌，不仅能让营销事半功倍，对外可以增强价值输出能力；对内可以形成强大的聚合能力，进一步实现内在增值。时至今日，品牌已经成为机构或个人的资产，更是营销最重要的工具。

创业教育机构打造品牌的 5 个关键

品牌并不只是一个口号或一个名称，如果没有实质内容作为支撑，即使创业教育机构通过各种手段把品牌喊得震天响，最终也只能落得一地鸡毛。

创业教育机构打造品牌要抓住5个关键。

1.品牌定位

在讨论如何建立品牌价值之前，我们先要定位品牌价值的核心内涵。缺乏明确定位的品牌，很容易随着市场的不断变化而改变，最终在"追风"的过程中模糊了自己的定位，失去了打造独特品牌的机会。

明确定位的过程，其实就是根据自身优势寻找目标需求的过程。而在这一过程中，创业教育机构要明确一个原则——用户的真实需求。

只有基于用户的真实需求，我们的优势才有意义。只有围绕目标用户的真实需求，创业教育机构才能逐步提取关键要素、设计品牌形象、展开品牌营销，进而打造出具有市场价值的企业品牌，形成自己的核心竞争力。

2.品牌文化

品牌文化，其实是关乎品牌所有用户的独特文化，它是与品牌相关的信念、价值观、规范的综合体现，是品牌拥有者、使用者、向往者对品牌的高度精神认同。品牌文化的形成与传播，甚至会创造出品牌信仰，形成用户对品牌的强烈忠诚，并由此形成一种基于品牌文化的亚文化现象。

如联想之星的"科技创业"、黑马学院的"让创业者不再孤独"、混沌学园的"认知颠覆"，都形成了创业教育行业内的独特文化现象；但很多其他机构，虽然同样从业多年，但却未能形成如此别具一格的品牌文化。

这是因为在品牌发展初期，这些机构就提取到品牌文化的关键要素，并持续吸引相似人群聚在一起，这也使得品牌文化的特征更加明显。

这就是品牌文化带来的群体化认知，而在这种群体化认知的作用下，品牌定位也将不断凸显，成为企业吸引用户的重要属性。

3.品牌优势

创业教育机构发展的关键是创业教育机构的自身优势，如大企业、投资机构、传媒、政府等资源优势，这同样是构成品牌优势的关键要素。

然而，在市场竞争中，创业教育机构的自身优势无非是有限的几种资源。当我们与竞争者的优势资源相似时，比如对于同样背靠教育行业龙头企业的东方坐标学院和未来之星来说，要如何构建自己的品牌优势呢？

此时，创业教育机构就要明确一个关键原则——相对优势而非绝对优势。我们必须找到相比竞争者更强的优势，而非仅仅关注绝对优势的建立。东方坐标学院的创立，正是基于自身帮助成熟教育机构突破瓶颈的经验优势。

从市场发展而言，创业教育机构很难保证自己的绝对优势恰好能够匹配用户的真实需求，或是比竞争对手的优势更强。比如同样背靠投资机构的创业教育机构，大家的主要优势都是为创业项目提供融资服务，但联想之星背靠联想和中科院，相比同类机构拥有更强的科技资源优势，因而能够在科技领域建立品牌优势。

4.品牌营销

品牌是助推创业教育机构营销发展的重要资产，但要放大品牌的资产价值，我们同样要进行品牌营销，将品牌定位、品牌形象、品牌优势传递给市场，并让自己的品牌形象在用户心中扎根。

品牌营销的手段有很多，但我们要明白，创业教育并非快消品，再洪亮的叫卖声，也无法实现创业教育的品牌营销。

创业教育机构的品牌营销其实并不用紧抓品牌知名度，真正需要抓住的其实是品牌体验感。如果我们不能给创业者优质的服务体验，满足他们的迫切需求，那一切都是空谈。

当创业教育机构能够切实创造这种服务时，那些优秀讲师、明星学员也将成为创业教育机构的重要背书，为品牌营销注入强大的传播力量。

5.品牌战略

品牌作为一种无形资产，是企业获取差别利润与价值的关键要素，也是当今企业实现快速发展的必要条件。当创业教育机构真正认识到品牌的价值，想要打造出极具价值的品牌时，就必须建立一套行之有效的品牌战略，对企业品牌管理的各方面进行统筹管理。

毋庸置疑，品牌是企业接触目标用户的首要层面，也是控制用户的核心层面。在创业教育行业，我们或许无须设立首席品牌官（CBO）这样的职位，但我们却必须重视对品牌价值系统的专业化管理，从全局角度对品牌进行筹划。

创业教育机构的生源渠道建设

生源渠道就如一杆狙击枪,能够将我们的营销信息精准地送入目标客群,实现事半功倍的营销效果。在自媒体时代,任何机构或个人都能够成为信息的媒介,而创业教育机构必须根据目标用户,选择合适的营销渠道。

政府孵化渠道

基于政府在调动社会资源方面的突出优势,政府孵化渠道成为创业教育机构的重要营销渠道。尤其是自双创浪潮以来,各地政府均大力支持当地创新创业,而创业教育机构作为创新创业的重要支持力量,也逐渐赢得政府孵化的青睐。

孵化器日益成为推动地方经济发展的新兴产业,这一产业的核心问题,就是集聚各种社会资源,催生一批富有活力的创业企业。这就意味着,政府孵化渠道必将成长为一个连接各类创业资源的支持性平台。

此时,创业教育机构就可以通过入驻政府孵化平台,实现品牌营销推广。在这一过程中,政府孵化渠道不仅能够让我们触及更多创业者、连接更多资源方,其政府背景也将为品牌提供背书,增强营销效果。

北大创业营自2013年创办以来,已经在北京、天津、青岛、苏州等地建设了10

余个众创空间,并在洛阳、南宁、南通等地建设了40多个开放课程中心。在积极布局各地政府孵化渠道的同时,北大创业营也获得了科技部国家级众创空间、中关村国家级创新型孵化器等多个认定称号。

比如2017年开设的北大创业营宁波众创空间设有创客咖啡、精益创业空间、孵化器等多个功能区域,能够综合利用宁波当地各项资源及北大创业营自身资源,为宁波及长三角地区的创业者提供综合扶持服务,并通过创业实战演练,帮助创业企业解决实际问题,真正成长为当地经济发展的生长点。

要充分借助政府孵化渠道进行营销,创业教育机构就必须明确当地政府的孵化痛点及孵化政策,从而进行更具针对性的课程设计和团队建设,以满足当地政府推动经济发展的目标,并赢得当地政府的认可。在与政府建立合作并入驻孵化器之后,我们则要基于自身资源、权责及政府制度,切实做好创业教育服务。

投资机构

投资机构在创投市场的丰富经验及资源,同样是创业教育机构生源的重要渠道。但与政府孵化不同的是,政府孵化在支持当地创新创业时,带有更多的公益性,愿意主动为优秀的创业教育机构提供资源支持;而投资机构的运营则完全遵循市场化的原则,创业教育机构必须表现出足够的价值,才能借用投资机构的营销渠道。

如非背靠投资机构的创业教育机构,我们在日常课程中,或许能够邀请到投资人前来讲课,但想要借用投资人的营销资源,我们则要明确投资机构的两个抓手,并充分建立场景思维,以更具价值和可塑性的场景作为突破口。

1.两个抓手

在挖掘投资机构这一生源渠道时,创业教育机构需要明确两个抓手。

(1)投资机构的投资组合。基于投资机构已有的投资组合,我们可以从中直接找到优秀学员,并为其提供更具针对性的配套服务,但在其中却有一个关键挑战,那就是要满足投资机构对被投企业的服务需求，如高质量的课程和讲师。

如果创业教育机构缺乏这样的资源，就很难得到投资机构的认可，对方自然也不会将优秀学员推到我们的机构。

（2）利用投资机构的影响力招生。在缺乏直接从投资机构的投资组合中招生的能力时，创业教育机构则可以利用投资机构的影响力招生，比如邀请投资人站台、讲课等。此时，我们同样要满足投资人选择项目的标准，以提高邀请成功率。

需要注意的是，在利用投资机构影响力招生时，我们也要避免出现直接抢项目的竞争关系。如联想之星同时扮演投资和创业教育的双重角色，但在投资领域，联想之星则只是作为天使投资人，因而能够避免与其他投资机构的竞争，通过建立投资链条上下游合作的关系，赢多众多VC的认可。

2.场景突破

如Demo Day等创业教育场景，其主题就是创业项目与投资人的对接会，也是创业教育机构利用投资机构影响力的重要场景。而在利用这些场景获取生源时，创业教育机构就要充分展示自身品牌价值、实现品牌推广。

（1）选择场景。如何判断一个场景是否具有传播力和动能？我们需要利用3个标准进行判断。

①场景本身是否有内容，能够让投资人产生传播的欲望？

②场景设计是否够真实，能够给予其他用户体验的动力？

③场景能否传递品牌文化，让投资人及其他用户愿意参与和互动？

（2）塑造场景。"原生态"的场景通常很难产生应有的营销效果，因而不能直接运用于营销。因此，在选择好场景之后，我们还需对其进行塑造，让品牌推广在合适的时机出现，并不断塑造体验的层次性，在每个环节的递进中，造就场景的真实性。

与此同时，在如Demo Day这样的场景中，我们还要注重细节，时刻洞察投资人体验，并将投资人吸引到我们的社群当中，在社交关系的相互认可中，带动投资者主动参与和传播。

（3）提升场景。每个场景都有极强的可塑性，而更具用户黏性的场景提升方法，则是基于该场景，依靠多屏联动手段，将笔记本电脑、手机、平板电脑、智能电视等智能终端联结在一起，依靠社群运营，让投资人融入创业教育机构的社群，并提升社群的内容能力和用户黏性，最终将场景打造为品牌文化的载体，甚至演进为一种特殊的活动方式。

媒体机构

谈及营销，媒体机构则是营销市场里的佼佼者。几乎每个创业教育机构都熟知传统媒体的营销技巧，但随着社交媒体的不断发展，当我们走入自媒体时代时，传统媒体作为一种营销渠道，却逐渐被忽视了。

社交媒体的发展以及自媒体时代的到来虽然对传统媒体带来了严重冲击，但优秀的媒体机构却能从中挖掘出更大的媒体价值，并提升平台营销效果。对于创业教育机构而言，我们又该如何利用媒体机构获取生源呢？

1.自建媒体渠道

时至今日，几乎所有企业都会开通官方微博、微信公众号，希望借助自媒体的渠道，突破传统媒体的营销封锁，为品牌营销注入内在驱动力。然而，多年来的大量企业实践也表明，企业建立自媒体的营销道路并不顺利。

很多创业教育机构同样如此，但他们却纷纷陷入一个误区：开通社交账号之后，如微博、微信、抖音、B站等，推出一些"吸粉"活动，每天再发些心灵鸡汤、搞笑段子，偶尔做些促销、发些广告，这就是社交媒体思维；如果效果有限，那就通过其他渠道买粉丝、买推广，成为坐拥百万粉丝的"大V"。

这样的社交媒体营销思维无疑大错特错。自建媒体渠道的要点在于持续提供原创、高质量内容，创业媒体不像消费类、娱乐类媒体，受众本来就少，我们无须刻意追求播放量、阅读量，而要通过持续地生产专业内容来实现精准营销，吸引优质生源。

2.与专业媒体机构合作

除了自身内容的专业性，要想玩转社交平台上的传播、获得大量创始人的关注，也需要把握时机。在创业教育行业，像《创业家》《创业邦》这样背靠媒体机构的平台，或如经纬创投这样能率先抓住平台流量红利的机构并不多，所以借助其他媒体平台的影响力，也是创业教育机构的重要手段。

我们还要学会将专业的事交给专业的人去做，将媒体营销交由专业媒体机构去做。我们要做的是了解媒体，选择更适合自己的媒体机构，并参与制作有效的传播内容。

往届学员推荐

创业和投资是一项很依赖信息和资源的工作，因此创业者和投资人都非常重视信息的收集。而且相比消费群体，创业者和投资人的网络也是一个很小的圈子。在这里，无论好坏，任何机构或个人的口碑都会被快速传播开。

创业教育机构的受众并非普通大众，而是目的明确、时间宝贵的创业者。他们对机构的选择也会更加理性。在铺天盖地的营销宣传中，面对良莠不齐的创业教育机构，越优秀的创业者越是挑剔，不会轻易参与某个课程，以免浪费时间。

因此，往届学员对创业教育机构的认可与推荐更能够赢得其他创业者的认可。但往届学员的推荐也要有内容来支撑，为此，要做好3个关键方面的工作。

（1）学习体验。往届学员的推荐，必然不能只局限在简单的一句"好"，而要真实地描述创业教育机构的学习体验，尤其需要融入各种学习细节，如小组讨论、课程安排等，从而让推荐更加可信。

（2）推荐权限。只有当我们对往届学员表达认可，并授予其更高的推荐权力时，往届学员才会积极宣传，并为我们推荐合适的学员。因此，我们要建立推荐权限机制，在对往届学员表示认可的同时，邀请他们为创业教育机构推荐合适的学员。

（3）公开课程。往届学员的推荐并不代表入学的免考券，但我们可以设计专门的试听课程，专门邀请往届学员推荐的用户参加，从而用试听课程证明自身实力。

想要借助往届学员的推荐来获取优质生源，我们就要巧用明星学员背书和口碑营销策略，并推动老学员的分享传播，后文将对此进行详细论述。

创业教育机构的 6 个营销策略

商品经济的快速发展，使得用户接受营销信息的"阈值"不断提高；而创业者更是一群精于计算的受众群体。在这种情况下，创业教育机构要如何实现营销信息的有效传递，触达目标用户的内心呢？这就需要创业教育机构能够熟练运用6个营销策略。

明星学员背书与传播

请明星代言是传统行业的常用营销策略；而在创业教育行业，几乎没有创业教育机构会邀请明星作为代言人，但这并不意味着明星效应的失效。

创业市场总会涌现出各种明星创业者，他们的成功会引起其他创业者的好奇，如商业模式、发展路径、资源支持等，创业者都想从中推导出走向成功的方程式，从而为自身的成功提供助力。

在这样的好奇中，如果这些明星创业者是某创业教育机构的学员，那当然会带动该创业教育机构品牌的传播。这就是创业教育行业的常见营销策略——明星学员背书与传播。

1.明星光环

明星学员的光环效应可以为创业教育机构赋能,使创业教育机构成为"培养出明星学员的机构"。明星学员的诞生,既可以证明创业教育机构的培育能力,也能够让创业教育机构吸引更多期待成功的同类创业者。

在联想之星于2008年启动之前,从未有过专门针对科技创业者的系统培训,大众对这一新鲜事物缺乏认知,多以一种怀疑的眼光看待。当第一期培训课程招生时,我们在两个月的时间里拜访了30多家研究所,每到一处都进行招生宣讲,再——走访科研人员和科技企业,最终吸引了142名科技创业者报名。

随着一位位学员从联想之星走出去,联想之星也得到了科技领域创业者的普遍认可。在《联想之星·十年十人》中提到了一位学员,就是联想之星的第四期学员——思必驰CEO高始兴。

在移动互联网浪潮尚未兴起的2008年,高始兴从剑桥归国创业,其创业项目是语音识别的产业化。2011年参加联想之星的课程之后,思必驰获得联想之星投资的第一轮融资。在之后的数年间,思必驰迅速发展,成为拥有1200项知识产权的人工智能平台,并借助这样的多年积累,终于在人工智能风口到来时成为行业明星。

这样的明星学员也让科技创业市场看到了联想之星的支持作用以及运营理念。联想之星愿意支持早期创业项目,更愿意支持应用场景尚不明确的创业项目,帮助这些项目渡过早期成长的难关,如旷视科技Face++、小马智行(Pony.ai)等。

2.真实讲述

明星学员的背书,并非王婆卖瓜式的自卖自夸。对于精于计算的创业者群体而言,缺乏价值支撑的明星光环其实毫无意义。在对明星学员背书进行传播时,创业教育机构必须坚持真实讲述的原则。

在创业教育机构的多年经营中,我们总能遇到明星学员。但在明星学员的成功中,创业教育机构究竟发挥了多少作用?

仍以高始兴的思必驰为例。高始兴在回顾创业道路时,始终庆幸当初能够入选

"联想之星创业CEO特训班"第四期,并于2012年获得联想之星的投资。除了基金支持以外,在此后的相互陪伴与成长中,联想之星的企业文化与管理知识也被融入思必驰的管理体系建设;当初的那些校友也与高始兴建立起深厚的友谊,实现了创业者之间的"抱团取暖"。

"联想之星是一个非常大的平台,不单单是一个授课的地方,更是一个生态圈。大家都是创业者,在这个圈子里建立了友情。创业联盟也是特训班的延伸,大家彼此之间也保持着业务合作。"高始兴的这番真实讲述才是对创业教育机构的最好背书,这样的背书,才能够产生营销效果、具有传播价值。

社群营销,引爆传播

2014年春节前,报名中欧创业营的学员们的众筹学费文案几乎刷爆创业者的朋友圈,这种颠覆传统的创新模式以及产生的影响力更是瞬间将中欧创业营置于"互联网思维"的引爆点上,甚至引发中欧的传统商业精英们的好奇。

众筹模式的突出效用正是社群营销的最初体现,创业圈本身就具备明显的社群属性。在这个小圈子里,谁能连接到更多的资源,谁就更可能实现创业成功;而对于创业教育机构而言,在创业者连接更多资源的过程中展示自身品牌,也是引爆传播的绝佳方法。二者的结合因此更加水到渠成,在中欧创业营众筹之后,各类社群营销模式也层出不穷,如"和我一起听课,享受×××优惠"等。

1.社群的内核是信任和预期

从表现形式来看,众筹的筹集标的是钱;但究其内核,在社群中,我们能筹集的不仅是钱,更是信任和预期,更进一步说,社群营销的关键在于人。

简单而言,在与朋友的日常相处中,如果我们拥有不错的人缘,因为急需或创业需要资金支持时,我们也能更容易地从社交圈里筹集到资金。这是因为,朋友们信任我们的为人,也认可我们后续的还款能力。

互联网的蓬勃发展使得世界变得越来越小，人与人之间的交流也变得更加容易，而社群营销也让我们得以从这种社交红利中挖掘价值。

一旦创业者得到社交圈的认可，尤其是志同道合者的认可，能够筹集到的支持就不仅是资金，还有可能得到他们的鼎力相助，如人脉、推广和创意等支持都会随之而来。

2.借助学员社群引爆传播

对于创业教育机构而言，社群营销其实就是借助学员的社交关系进行辐射传播，并由此对学员进行初步筛选。

以众筹上课为例，只有在社交圈里被大家足够信任的学员，才能众筹到相应的学费；而在他们众筹的过程中，他们其实也在用个人信用为创业教育机构背书。

当赫畅的众筹学费文件刷爆朋友圈时，当陈第、雕爷、申音等名字出现在中欧创业营学员名单上时，当马佳佳的PPT引起热议时，这些学员也是在为中欧创业营做传播。每位圈内人都会好奇：中欧创业营到底具有怎样的神奇魔力？

因此，在社交时代，创业教育机构必须学会如何巧妙地融入学员社群，通过社群引爆传播。

（1）营销内容设计。在社群营销的内容设计中，创业教育机构一定要避免喧宾夺主。学员展示项目更多的是为了提升个人价值，而非帮助机构营销，因此，创业教育机构的营销内容无须过分突出，有时甚至只需展现一个Logo即可。

（2）营销方案设计。在营销方案的设计上，创业教育机构也要注意给学员让利，通过减免学费、连接资源等手段，激励学员主动进行社群传播。

线上课程分享，为线下引流

移动互联网时代的到来模糊了线上与线下的间隔，但从各行各业的营销体验来看，线上活动虽然能够在短时间内吸引大量用户参与，但线上活动仍然缺少切身体验的感觉，难以真正发挥营销效果。

创业教育则尤其如此。目前，在线教育模式仍然难以很好地发挥创业教育的培训效果，因此，即使通过线上获取很多用户，我们也需要将其引流到线下，在面对面的交流、封闭式的培训中，为创业者提供更好的创业教育服务。

但在线教育模式的不断发展，同样为创业教育机构提供了一种有效的营销策略——线上课程分享，为线下引流。

如新东方等传统教育机构都有自己的在线教育平台，虽然在线教育仍然无法充分展现教育价值，但这些教育机构却在持续投入大量成本，来优化在线教育学习体验，并丰富在线教育课程内容。

其实，其内在逻辑就如传统线下教育的试听课一样。试听课的作用就是向学员展现自己的教学质量，在赢得学员的认可之后，吸引对方报名学习。但时至今日，试听课的效果却在逐渐下降：一方面，学员会质疑试听课是否能代表正式课程的质量；另一方面，学员也逐渐不愿意投入时间成本去现场听课。

线上课程则让学员拥有了更加便捷的"试听"体验。学员只需在家打开电脑就可以参加课程，而且丰富的线上课程内容也让学员拥有了更多的选择。与此同时，"线上课程质量不如线下课程"的理念也让学员相信，如果线上课程的质量尚可，那线下课程的质量则更加值得期待。

正是基于这样的逻辑，线上课程分享为线下引流成为一种行之有效的营销策略。而要用好这一营销策略，创业教育就必须做好线上课程的设计与分享，从而真正将学员引流到线下。

1.线上课程设计

相比于线下课程，线上课程与学员的互动效果通常较差，如果是录播的线上课程则更是毫无互动。因此，在分享线上课程之前，创业教育首先要做好课程内容的设计，以保证课程质量和营销效果。

（1）课程定位。课程定位决定了课程背景、课程亮点、适应人群、课程价格等诸多要素，在课程设计之前，我们先要明确课程定位：针对哪些创业者的哪部分需求？课程效果能够达到什么程度？在明确课程定位的过程中，我们也需要进行充分的前期市场调研，获取市场的真实反馈。

（2）课程目录。课程目录用来划分课程的进度，并由此确定课程的节奏。对此，我们需要考虑到课程的难易程度、知识点及学习规律等诸多要素，为线上课程建立一个结构化的框架，从而增强线上课程的专业性，赢得用户认可。

（3）授课方式和授课时间。线上课程的授课方式可以分为直播、录播、图文等多种方式。一般而言，创业教育在线上可以设置为3种方式结合的课程体系，即在周末或工作日晚间进行直播"开课"，为学员营造学习的仪式感；开课之后，则可根据课程难易程度，安排直播或录播、图文授课；在一个阶段的学习完成后，则开设专门的答疑直播课程，为学员提供在线答疑服务。学习结束后，学员可以通过录播视频或图文进行课程内容的回顾。

2.线上课程分享

在自媒体时代，创业教育机构在进行线上课程分享时，完全可以通过短视频或知识付费平台来增强分享效果，如抖音、得到、喜马拉雅等。而在使用这些平台时，创业教育机构则要注意以下几个小技巧。

（1）账号名称。账号名称一定要坚持精炼，便于用户的搜索和记忆；一般而言，名称使用品牌简称即可，如黑马学院、联想之星等。

（2）VI设计。VI的全称是视觉识别系统，通俗来说，VI就是品牌图腾、徽章。在VI的设计推广中，你甚至只需一幅简笔画或一片色彩，就能引起用户的联想。为此，你就要在设计出VI之后，在所有营销界面，做好视觉风格的统一性。

（3）爆款课程。线上课程设计通常是一个完整的框架，但在分享传播中，我们却需要打造出一节爆款课程，用风趣的教学语言，结合时事热点，讲授优质的课程内容。爆款课程的时间可以设置在15分钟以内，以便于传播。

（4）课程传播。在线上传播过程中，我们则可以与大V洽谈合作，快速精准地将爆款课程都传递到目标用户群体中。尤其是当我们的爆款课程足够优质时，只需少量大V的转发或互动，其他同类大V就会跟风点赞，从而实现快速分享。

短视频与直播宣传策略

随着抖音、快手、B站（哔哩哔哩）等诸多视频网站的蓬勃发展，视频已经成为市场营销的重要载体。借助视频本身声影俱备的特点，当创业教育机构能够打造出一款"爆品"视频时，其营销效果也将令人惊叹。当下，视频营销的主要手段就是短视频与直播。

1.短视频与直播的营销区别

短视频与直播作为视频类内容输出形式，都曾经是市场正向追捧的风口。直至今日，以抖音、快手为代表的短视频平台，以B站、斗鱼为代表的直播平台，都已经建立了相当大的市场优势。

创业教育机构在选择短视频或直播进行营销时，就必须明确二者的区别，从而选择制定更具针对性的宣传策略。

（1）短视频：产出方便、传播快速。我们只需一部手机就能完成一部短视频的拍摄，这使得我们可以持续快速产出视频内容，通过不断提供新奇内容来增强用户黏性；而从传播效果来看，一般不超过5分钟甚或只有15秒的短视频，无疑更便于传播。

（2）直播：持续性长、实时互动。一场优质的直播离不开完善的脚本设计和场景设计以及优秀的主播。虽然成本较高，但直播却能为用户带来持续性更长的内容，在直播过程中，主播也能与用户进行实时互动，从而增强营销效果。

2.内容为本、互动为器

无论选择短视频还是直播做营销，创业教育机构都要抓住视频营销的核心原则——内容即媒介。视频内容的质量决定了营销效果，我们必须做好视频内容；与此同时，优质的互动则能进一步放大营销效果，增强用户黏性、刺激用户主动传播。

（1）内容紧凑。通常来说，如果短视频无法在前3秒内抓住用户眼球，那用户就会"上滑"跳过；直播则更是如此，如果直播无法为用户提供紧凑的内容输出，用户就会离开直播间。

（2）提供价值。创业教育的营销视频，并不像一般的营销视频，我们必须通过视频内容向用户提供价值，并引导用户进一步了解我们的创业教育服务，这样才能达到营销目的。

（3）积极互动。视频营销能为我们创造与用户面对面接触的机会，而要把握住这样的营销机会，我们当然不能简单地自说自话，而要与用户进行充分的互动；即使是在短视频中，我们也不要忘记号召用户点赞、留言、转发。

口碑营销策略

互联网时代是信息大爆炸的时代，徜徉在互联网的海洋中，信息流如瀚海波涛汹涌而至，其速度之快、数量之多往往让人目不暇接。

在琳琅满目的信息海洋中，创业教育机构的营销想要脱颖而出，就要采用口碑营销策略，让用户的口碑为机构发展开路。

1.社群口碑

相比于传统的"刷好评"，在自媒体时代，社群则成为口碑传播的更优渠道。这不仅是因为社群用户的真实性，也是因为社群能够将品牌口碑传递到同类客群中，从而优化传播效果。

（1）信任传播。社群内部的用户，通常已经形成一定的社交关系。相比于陌生人的口碑，用户更加信任社群口碑，而不会产生"刷好评"的怀疑。因此，在社群运营中，我们就要利用社群内部的这种信任关系，以信任传播的方式，真实地营造社群口碑，赢得社群的认可，进而实现辐射性传播。

（2）兴趣传播。所谓"物以类聚，人以群分"，既然能够形成一个社群，社群内部的用户也必然有着某种共同点，而这些用户同样会与外部社群产生互动。利用这种共同点，你只要得到某一人的认可，就能形成"滚雪球"的传播，迅速获取大量类似用户的关注。

2.负面口碑

在创业教育机构运营的过程当中，或是因为自身不足，或是因为恶意造谣，我们总会遭遇负面口碑的情况。而在口碑营销策略中，我们不仅要重视正面口碑的营造，更要做好负面口碑的处理。

（1）辨别信息真伪。在激烈的市场竞争中，恶意差评、网络谣言等口碑竞争行为时常发生，因此，面对负面口碑信息，我们需要先辨别该信息的真伪，确认自身是否存在不足。

（2）严肃处理恶意差评。针对恶意差评或网络谣言，我们需要严肃处理，但也要注意方法：首先，与对方进行交涉，确定对方是有意为之还是误会造成；其次，对于误会导致的差评，我们需要耐心做出私下以及公开的解释声明，解除误会，并请求对方删除负面言论；最后，对于有意差评和恶意造谣，我们则要严肃要求对方删除相关言论，如果对方坚决不删除，或造成重大影响，我们也应果断起诉维护自身权益。

（3）及时处理真实差评。如果用户的差评确有其事，我们则要及时给予正面回应，给予用户妥善的处理方案。在此过程中，我们首先要给予诚恳的回应，表达自身态度、获取用户谅解；其次，针对用户损失，我们则要给予补偿，并做出公开说明；最后，则需要建立解决机制，避免类似情况的发生。

很多时候，对负面口碑的有效处理，反而会在市场上形成正面口碑的传播，但无论何时，我们都要始终以用户利益为核心，以价值取胜，而非巧舌如簧。

书籍、音媒体等平台营销策略

创业教育背靠成人教育这一传统行业，具有突出的专业性特征。线上课程、短视频能够为我们实现品牌推广，众筹能够为我们引爆传播，明星学员和口碑能够让我们获取用户信任，但要真正赢得用户的认可，创业教育机构仍然需要依赖高质量的内容。

目前而言，知识的有效载体仍然是书籍，而如喜马拉雅这样的音媒体平台则为传统书籍的传播带来了新的营销模式。

1.书籍

李善友及混沌学园的发展起点其实就在于一本书——克莱顿·克里斯坦森的《创新者的窘境》。通过对这本书的深度研习，李善友总结出了"颠覆式创新"这一核心理念，并提炼出不连续性创新、财务曲线、价值网、组合进化等核心知识点。

在将核心知识点与创业案例深度结合分析的基础上，李善友为学员展现一幅颠覆与反颠覆的宏大画卷，并为创业者的创业发展提供重要思路。对这本书的研习使李善友成为炙手可热的创业教育讲师，也为混沌学园的萌芽与发展奠定了基础。

书籍是创业教育机构营销的重要载体。而要用好这一载体，内容永远是第一位的。书籍其实就是创业教育机构的价值缩影，再好的包装、再多的名人推荐、再丰富的广宣活动，如果没有内容作为支撑，营销也无从谈起。

因此，在创作过程中，创业教育机构必须对书籍定位、框架进行妥善设计，如创业入门启蒙、核心课程教参等，并将干货内容融入其中，用书籍来展现机构的价值。

2.音媒体平台

随着人们生活节奏的不断加快，抽出一段时间静坐阅读已经显得很奢侈。但阅读书籍仍然是人们获取知识、提升自我的重要手段，在这种背景下，如喜马拉雅这样的音媒体平台通过为用户提供有声读物，也得以迅猛发展。

安装一款App、戴上耳机，无论是在通勤的地铁上，还是在出差的飞机上，用户就可以有效利用碎片时间来获取知识。

时间对于创业者而言更是一种宝贵资源，因此，在书籍创作的基础上，创业教育机构还可以与音媒体平台合作，在音媒体平台上传书籍相关的有声读物，为创业者提供更好的阅读体验，以满足创业者的学习需求。

与此同时，要进一步利用好音媒体平台，创业教育机构在制作有声读物时，也不能简单地"照本宣科"，而要注意以下几点。

（1）声情并茂。死板的读书声，不仅无法让用户通过有声读物获取知识，反而会引起用户反感，对书籍失去兴趣。因此，我们需要邀请专业的制作者制作音频内容。

（2）节奏控制。与文字读物相比，有声读物的一个明显弊端就是查找困难，因此，我们最好对有声读物进行节奏控制，以不同的知识点将有声读物划分为多个小节，便于用户回顾。

（3）思考解读。在朗读书籍内容的同时，我们也可以加入创作者的思考和解读内容，为有声读物赋予更多的价值，也让用户产生更大的学习兴趣和传播热情。

创业教育机构学员拉新策略

创业教育机构的营销必然着眼于学员拉新。只有持续吸引新的学员，创业教育才能持续发展——毕竟，每位学员的创业次数有限。因此，拉新策略的设计则成为创业教育营销策略的重要组成部分。

如何以老学员的分享引爆传播

与很多从业者认为的不同，参加创业教育课程，对于创业者而言其实是一项"重决策"的选择。即使是无须缴纳学费的免费模式，创业者也需要付出相当大的时间成本。

如果创业教育机构无法为创业者提供相应的价值，创业者宁愿用这些时间去面见客户或设计产品。

因此，创业教育机构学员拉新策略的核心，其实就是向潜在用户或意向学员证明自己的价值，而老学员的现身说法无疑是证明价值的绝佳手段。事实上，很多创业教育机构的传播都是通过老学员分享来引爆的。

在用老学员的分享引爆传播时，我们要将之与明星学员区分开来。毕竟，明星学员的数量是有限的，而明星学员的"星光期"也难以得到保证，因此，在借用明星学员的光环的同时，我们也要通过老学员的分享来吸引新人。

1.激励老学员分享

经过多年的行业耕耘，创业教育机构通常已经积累了一定数量的老学员，或者称为"毕业校友"。但很多时候，创业教育机构却面临着"毕业即分手"的尴尬，学员在毕业之后就不再与机构互动，更不会主动帮助机构传播。

之所以如此，是因为我们没有给予老学员足够的动力。当创业教育机构的品牌价值不足以吸引新人时，这也就意味着，我们的品牌无法为老学员带来光环，那他们自然不愿主动传播。

因此，在品牌价值尚未形成的初期，我们就需要加大力度激励老学员进行分享。

（1）诱之以利。实质性的利益通常具有更强的激励效果。而在创业教育行业，我们要激励老学员分享，"分享红包"没有太大作用，我们可以采用更适合创业教育行业的激励手段，如减免下期学费、赠送一对一小课或展示日门票等。

（2）动之以情。创业教育机构与老学员之间应该建立足够的情感连接，从而持续提升创业教育机构的品牌价值。因此，我们需要建立属于老学员的社群，在日常的交流与互动中，增强老学员对创业教育机构的认可程度，从而推动老学员的主动分享。

2.用分享引爆传播

老学员的主动分享能够产生现身说法的传播效果，但如果创业教育机构的推广信息如"拼多多的拼团"一样，那老学员自然不愿分享，即使分享也无法实现效果。

创业教育机构要用分享引爆传播，就要融入新奇创意或干货，并贴上机构标签。

（1）内容设计。新奇创意是引爆传播的重要元素，而干货则是吸引创业者的有效抓手。老学员的分享内容当然无须二者兼备，但我们却要注意融入相应的元素，为老学员提供分享的素材，从而优化传播效果。

（2）贴上标签。既然我们激励老学员分享的目的是拉新，那我们就要为老学员贴上机构的专属标签，比如定制化的产品、价格，或是独特性的文化、情怀，从而引起用户好奇，吸引用户加入。

如何在新媒体上通过精准投放软文拉新

经历过多年电视广告的"折磨"，用户对广告大多表现出极强的排斥心理，广告的价值也因此大打折扣。在这种局面下，随着新媒体的持续发展，软广成为一种新的广告方式。

软文营销的价值，首先就在于一个"软"字。但，在新媒体时代，一旦用户发现这是一个广告，且内容毫无价值，他们自然不会再多看一眼。如何才能让用户完整地接收我们的营销信息？

这就需要隐蔽性极强的软文营销。在进行软文营销时，我们一定要记住，我们不是在创作一篇广告，而是在创作有价值的内容。

事实上，在软文营销中，如果软文本身的内容就能够向用户传递有价值的信息，或是解决用户的某些问题，或是给用户带来乐趣，与此同时，将我们的品牌、产品或服务隐藏于其中，此时，我们甚至无须刻意自夸，而只需体现出产品的某个特色即可。

要在新媒体上通过精准投放软广来实现创业教育的拉新需求，就需要从软文创作和软文发布两个方面着手。

1.软文创作技巧

一篇优秀的软文，能够在为用户提供价值的同时，让用户心甘情愿地接收营销信息，甚至主动搜集更多信息。一般而言，软文的创作有6个要点。

（1）夺人眼球的标题。好的标题是软文成功的一半。在这个碎片化阅读的时代，在用户了解文章的大概内容之前，他们不会轻易让自己花费大量时间阅读长文章。因此，我们必须为软文拟定一个足够简洁、吸引人的标题。需要注意的是，千万不要做纯粹的"标题党",以免引起用户反感,有时候,真实反而更有感染力。

(2)关键词布局。软文推广的成功,源自广泛传播实现的覆盖式营销。只有当我们的内容吸引到更多的流量时,我们才能挖掘到目标用户。而要吸引流量,则离不开SEO(搜索引擎优化)运营方法,我们需要让软文更容易被用户搜索到。为此,我们在创作软文时,需要选用有效的关键词,并将之合理地穿插在软文当中。

(3)广告信息巧妙融入。对于营销者而言,真正的关键词在于我们的广告信息,这也是我们创作软文的最终目的。但软文"软"的关键,就是广告信息的巧妙融入,让文章看不出广告痕迹,通过案例说明、适度出现等方法,使广告成为内容的一部分。

(4)紧跟时事热点。在创作软文内容时,我们要尽可能地紧跟时事热点,从而展现软文的时效性,这也能够让软文借势传播。在信息大爆炸的今天,时事热点并不难找,难点在于如何选择。选择时事热点的关键,就是要与营销信息相关,否则,会让用户产生"蹭热点"的感觉。

(5)图文配合。除非你的内容极具价值,否则,软文一定要注意图文并茂,而非只有大段的文字。我们需要适量插入一些图片,一般而言,一篇1000字的软文可以插入三四张图片。除了头图可以选用无意义的"吸睛"图片之外,其他图片一定要与软文内容相匹配,起到辅助说明的作用。

(6)巧妙排版。在"碎片化阅读"时代,如果想让用户看大段的文字,我们就必须将之分成多个小段,保证每段文字在200字以内。与此同时,尽量精炼语言,为用户提供更好的阅读体验。

2.软文发布技巧

微博、微信、论坛、贴吧,乃至直播、短视频等各种平台,为软文投放提供了多种渠道。丰富的投放渠道反而给软文发布带来了更多挑战,我们必须针对不同平台的特性,对软文内容进行针对性的设计,并采用相应的发布技巧,以提升软文投放效果。

每个新媒体平台都有各自的用户特征和平台特征，如B站的年轻化、快手的下沉市场、微博的传播性、微信的互动性。我们要根据营销目标和目标用户的分布情况，选择合适的发布平台和发布时机。

需要注意的是，所谓选择合适的发布时机，其实就是要对目标用户每天的时间分布进行分析，然后选择合适的发布时间。

当创业教育机构想要实现拉新效果时，就要注意午休和准备下班两个时段，尤其是准备下班的17：00-18：00。

很多创业教育机构认为自己的目标用户是创业者，他们的时间分布与上班族并不相同。但其实，在拉新需求下，我们的目标用户并不只是创业者，而是准备创业的人群。

在17：00-18：00这个准备下班的时段，也是很多上班族滋生创业念头的常见时间段。那么，针对这些迷茫的上班族，创业教育机构则可以为其提供服务，帮其确定职业发展生涯，并给出是否适合创业的判断。

无论如何，为了不断提升软文投放效果，必须重视数据统计和数据分析，在每天的数据变化中，找到增强精准性的核心要素，如平台、投放时间等，并不断改善投放策略。

活动营销策略

长期以来，活动营销都是有效的拉新策略。但在活动营销遍布的今天，我们也无奈地发现，各地的展台、各种征集活动、各类分享与抽奖活动，都已经很难吸引足够的眼球。创业教育机构在策划营销活动时，也需要进行创新改良。

1.活动策划原则

活动策划是活动营销的关键，只有好的活动才能吸引用户、激发活力，发挥活动营销的效果。

（1）动之以情。这是一个讲究"情怀"的年代，即使活动形式无法做到新颖，但如果我们的活动能够拥有情怀作为支撑，用户的眼光就很容易被我们所吸引，传统的活动形式也能由此发挥效用。

（2）晓之以理。我们需要为用户提供一个主动参与活动的理由，在缺乏情怀吸睛时，需要我们能够挖掘用户的需求痛点，并告诉用户：在我们的活动中，他们可以找到需求痛点的解决方案。

（3）诱之以利。利益驱动则是更直接的吸引手段，事实上，任何营销活动都会融入利益驱动的要素。所谓的"促销"，就是让用户通过参加活动获得一定的利益。但在诱之以利时，我们则要做好测算，使让利的成本能够创造相应的收益。

2.跨屏活动方案

在自媒体时代，用户可以通过各种设备获取信息，而线下活动则需要用户付出一定的时间成本，因而效果有限。此时，我们的活动营销方案则需要尽可能地实现跨屏，如笔记本电脑、智能手机、平板电脑、可穿戴设备、智能家居等，通过对各种设备进行有效整合和覆盖，增加活动的趣味性和参与度。

在用户的众多硬件中，每种设备都能产生不同的营销效果，即使移动营销日渐火热，但其他终端同样不能被忽视。在活动营销中，我们需要找到适合的活动载体，并努力实现跨屏，给予用户多屏体验，比如线下活动+可穿戴设备体验+线上直播的综合活动方案。

社群拉新、留存、转化策略

当今时代，社群营销已经成为重要的营销手段，罗辑思维、黑马会、混沌研习社等都是社群营销的典型案例。创业教育机构的学员拉新，同样需要融入社群营销理念，并采用有效的社群拉新、留存和转化策略。

1.用干货拉新

在建立社群时，我们就要明确一个问题：我们的社群为谁服务？他们需要什么？如果没有这样的明确定位，即使我们通过各种营销渠道强行"吸粉"，这些所谓的粉丝最终也会离开社群。

想要用社群拉新，我们就必须为新人提供干货内容。没有人会因为一句广告语，或一篇有趣的软文就加入社群；只有干货内容才能产生足够的吸引力——用户想要通过社群持续获取干货。

因此，如果我们的内容平淡乏味、毫无新意甚至三观不正，那结果也可想而知。在用干货内容拉新时，我们需要从3个方面着手。

（1）坚持原创内容。应当向社群用户推送什么内容，这是令很多创业教育机构头疼的问题。有时候绞尽脑汁也想不出，干脆就是转发一条搞笑段子。但创业教育机构是为创业者提供价值的组织，在推送内容时，我们更应该结合自身观点、经验和品牌对内容进行整合，创作出精品内容。

（2）结合时事热点。时事热点往往有很大的用户关注度，"蹭热点"也成为社群拉新的重要方式。然而，如果仅仅是转发时事热点，那样的效果不如不发。即使是要借用时事热点，我们也应当立足自身品牌形象，对热点进行独特的分析或结合，从而给用户别开生面的感觉，新用户也会由此而来。

（3）内容短小精悍。在拉新环节，如非必要，切忌发布长篇累牍的文章。在移动互联网时代，用户很少有耐心阅读过长的内容。短小精悍的内容才能给用户更好的阅读体验，而在内容设置上，我们也可以融入留白的手法，引起用户的兴趣，从而吸引用户加入社群。

2.用互动留存

对于创业教育机构而言，社群用户数量绝非衡量策略效果的核心指标。事实上，即使社群用户数量不多，但如果都是留存下来的优质用户或潜在客户，那其意义反而更大——质量比数量更重要。

那么，在借助拉新手段吸引来大量新用户之后，我们该如何做好留存呢？关键就是互动。

对于营销而言，社群的一个突出特征就在于：将传统的单向传播的弱关系，变为双向互动的强关系。我们能够在与用户的高度互动中，让用户成为社群"死忠"，这样一来，他们不仅可以转变为我们的客户，甚至可以转变为我们社群发展的智囊团，为社群运营、产品设计、服务改善、市场营销出谋划策。

社群互动需要抓住3个着力点。

（1）仪式感。通过入群考核、自我介绍、"爆照"等形式，增强入群的仪式感，让社群"不随便"。

（2）参与感。借助签到、积分、讨论、分享等形式，激励用户参与社群互动，并在不断的参与中形成归属感，从而让用户成为社群情感连接的节点之一。

（3）组织感。当我们将松散的用户聚拢到社群中时，就要给他们"散户"所无法体验的组织感，通过定义规则、激励互助、合作活动等方式，让用户感受到"组织的关怀"。

3.用运营转化

社群营销的最终目的，仍然是为创业教育机构获取更多的优质学员。因此，很多创业教育机构在拉起社群并举办几次活动之后，就迫不及待地发布营销信息，想将社群用户转化为学员，但其结果通常是，辛苦拉起来的社群就此逐渐冷清，失去价值。

社群营销同样是营销，但当我们决定组建社群时，就要关注社群本身的价值。无论是为志同道合的用户提供交流平台，还是为其提供物质价值，甚或为其解决痛点需求，当我们的社群经过持续运营并日趋成熟时，它本身就具有交流学习、连接资源的价值，这种价值也将融入我们的品牌价值，自然而然地实现转化。

但如果我们盲目发布营销信息，则可能损害用户体验，导致社群价值急转直下，最终甚至可能损害品牌形象。

创业者群体对此其实尤为敏感，因为创业教育市场存在一些乱象，有些创业教育机构培育社群的唯一目的就是将毫无价值的课程卖给创业者；当卖课结束后，社群就迅速冷却，社群用户也因此利益受损。

因此，我们在做社群转化时，仍然要以用户体验为核心，通过优质的社群运营实现转化，而非狂轰滥炸地营销推广。

第7章

让学员上完课都愿意推荐的培训课是如何运营的

即使同样的课程由同一位老师来讲授,其效果却可能并不相同,有的学员感到受益匪浅、四处推荐,有些学员则乘兴而来、败兴而归。其中的差别其实就源自课程运营的效果。在课程运营中,创业教育机构必须发挥引导和推动作用,遵循课程运营的"4-3-2-1"方法(4个步骤、3个阶段、2种路径和1个组织),不仅要让学员的学习落地,更要在学员的互相认同与连接中,打造班级文化、凝聚力,为班级关系的持续推进奠定基础。

在课程中推动学员学习落地的 4 个步骤

　　创业教育的课程必然需要干货内容作为支撑，但在这些所谓的干货内容中，又有多少是对学员切实有用的呢？可能我们耗时一天的课程中讲授了8个要点，其中只有1个要点对某些学员有用；但有些学员听完却只是有些感触，完全找不到落地的方法。

　　事实上，如果能够落地，那即使只有1个要点有用，那对创业者学员也是一次有效的课程，他们就会主动进行推荐、传播。因此，我们在针对性地设计课程的同时，也要在课程中推动学员学习落地，让每门课程中的每个知识点都发挥应有的作用。

知物：了解事实，学到知识

　　课程知识无法落地的一个重要原因，就是我们在讲授知识时，学员并没有充分了解事实。而任何一个方案的有效落地及作用发挥，其实都源自多种要素的综合作用，很多时候，看似相同的问题，背后的成因却可能完全不同。

　　因此，推动学员学习落地的第一步就是知物，让学员了解全部的事实，并学到准确的知识。

　　当学员陈述自己遇到的问题时，我们要做的并非直接提供相关知识，而是了解与问题相关的全部情况，再进行深入分析，针对核心情况提供真正有用的知识。在事实与知识的基础上，学员则可以更进一步——明理。

明理：明晓道理，学以致用

以医药比喻的话，在草药治愈疾病的背后，其实是因为某些有效成分消灭了致病病毒，当我们发现了这一原理之后，就可以提炼出这一成分，并将它加工成效果更好的药品。

而创业者痛点的解决也是如此，某个知识点、方法发挥作用的背后，也有其特定的道理，学员正是要在明晓道理之后，才能学以致用，结合实际情况，发挥出更佳的作用。

基于这样的思路，我们就可以在课程中推动学员进行小组讨论，从而掌握明晓道理的方法。

我们可以给出关于某一案例的全部信息以及相应的解决方法，学员则可以通过小组讨论的方式，分析该解决方法发挥作用的深层道理，在取得一致意见后，小组成员则可以进行下一步——致学。

致学：举一反三，融会贯通

在不同的用药环境下，所谓的有效成分也可能与其他元素结合失去效果甚至变得有害。因此，有效成分能否通用，又该如何使其生效，我们还需要进一步进行研究。

这就是所谓的致学，小组讨论在分析出深层道理后，就需要进一步分析：道理是如何发挥作用的？这个道理是否通用？能应用到哪些问题的解决当中？在举一反三中，将道理、知识融会贯通，从而形成可以落地的解决方案。

这也是课程中推动学员学习落地的关键一步。学员必须通过自身的思考对知识进行分析和总结，只有如此才能将课程知识充分吸收，形成属于自己的一套方法论，并应用到实际问题的解决当中，即最后一步——笃行。

笃行：落地操作，实践复盘

纸上谈兵向来容易，实战操作却很容易让人措手不及。无论是用药还是企业决策，都需要承担风险，因此，在实践之前，学员必须对总结的道理和方案进行复盘，尽可能考虑到所有可能产生影响的要素，再制订相应的执行计划。

根据这项执行计划，学员就可以着手进行实践复盘。在复盘过程中，我们同样需要进行阶段性的总结分析，观察实践成果是否符合阶段预期，分析实际差异的原因以及对后续实践造成的影响，并根据分析结果及时调整执行计划，最终确保落地操作的有效性，让问题得到充分解决。

直至此时，学员就掌握了知物、明理、致学、笃行的4步操作，在今后的创业发展中，学员也可以通过独立学习、相互交流的方式，灵活应对遇到的各种问题。

这套学习方法的总结，同样是基于我在联想之星的不断学习落地经验；时至今日，这套学习方法仍然在发挥作用。更令我欣喜的是，我的另一个预期也成为现实——相比于老师，学员可能更加认可他的小组同学，而在未来的发展中，这些小组也必将汇聚形成一个高质量的创业者社群，成为联想之星重要的价值支撑。

在课程中推动学员互相认同与连接的 3 个阶段

课程总会结束,但学习却不会停止。创业教育机构不仅要为学员提供解决问题的落地方案,更要帮助学员建立持续学习、共同成长的社群,而这就需要我们在课程中推动学员互相认同与连接,让学员能够在互助互利中,推动彼此的学习成长。

正如联想之星建立的小组学习机制一样,即使课程结束,即使学员与老师再无联系,但以课程小组为基础形成的学习小组却能成为学员持续学习的重要阵地。

基于学员的互相认同与连接,创业者学员不仅可以借此推动自我学习,也能连接更多资源、互相勉力。而作为创业教育机构,我们就要在课程中发挥引导作用,帮助学员互相了解、彼此信赖。

阶段一:促进学员互相了解

互相认同的前提是互相了解。务实的创业者不会耗费大量的精力在无谓的人际关系上,只有在确认对方是同道之后,才会与其同行。要帮助学员互相了解,创业教育机构就要掌握两个基本方法。

1.充分了解学员

创业教育机构要帮助学员互相了解,先要对学员有充分了解。

虽然我们都会收集创业者学员的信息，如创业经验、创业成绩、团队背景等，但更多的重要信息却都藏在纸面背后。尤其是在推动学员互相认同与连接的过程中，我们要寻找的不只是一位成绩优秀、潜力巨大的创业者，更是一位能够携手前行的同行者。

即使拥有再优秀的创业成绩，但创业者缺乏协作意识，甚至只顾追求私利，那我们的盲目推荐，反而会浪费我们的资源、损害其他学员的利益。

因此，课程负责人（班主任）最好参与所有学员的面试，确保对所有学员有较为深入的了解。需要注意的是，面试可以帮助我们对学员进行初步筛选，但我们不可能仅通过面试就确定学员足够优秀。

2.社群维护与运营

微信群已经成为创业教育课程的标配，在每一次课程中，我们都会建立不止一个微信群，如报名群、课程群等各种微信群，然而，如今几乎每位创业者的微信里都有太多的好友或微信群，他们甚至都来不及对其进行管理，但更谈不上借助微信群来了解其他学员。

然而，微信群是帮助学员互相了解的重要工具，关键就在于创业教育机构是否能够灵活运用，通过有效运营将微信群打造为社群，并真正建立起专属的社群生态。本书第8章将对此进行详细论述。

阶段二：让学员充分展示自身优势

在日常学习课程中，有些学员或许可以通过一两次提问、两三句回答来展现自身优势，但这毕竟是片面的。我们必须为学员提供更多的展示机会，让学员充分展示自身优势，进而赢得其他学员的认同，实现学员间的互相认同。

1.展示优秀学员

创业教育机构的一个班级中不可能都是优秀学员，甚至大部分学员都只是普通创业者。在让学员展示自身优势时，我们要创造机会，将优秀学员凸显出来。

优秀学员的展示能够起到很好的带头示范作用，尤其是他们的经验分享能为其他创业者带来启发，有助于普通学员的优势能够充分展现。

与此同时，优秀学员也是创业教育机构价值的体现。如果一个班级中有三五个优秀学员能够赢得广泛认可，那大家都会认可这次课程的价值——与优秀创业者建立连接，对创业者而言同样是一种价值。

2.案例分享交流

在突出优秀学员的同时，我们可以进一步邀请这些学员进行深入的案例分享交流，或在课程中间，或是晚间聚会上，让优秀学员通过这样的案例分享充分展现自身优势。

优秀学员的优秀不仅在于已经获得的创业成绩，更在于他们对创业的深刻认知。而案例分享交流则可以让优秀学员在对案例的剖析中阐述自己的想法，并与其他学员进行探讨，从而展现出自己的学习、交流能力。

阶段三：让学员找到彼此信赖的伙伴

创业者大多务实，对于那些能够在创业路上给予帮助或建立合作的人，他们都会积极主动地尝试接触并与其建立联系。如此建立起来的联系虽然可以帮助学员建立商业合作关系，但却难以让双方关系更进一步；要想推动学员互相连接，我们就要帮助学员找到彼此信赖的创业伙伴。

1.明确目的

在学员之间建立信赖关系是很多创业教育机构都会采用的技巧，但在实操时，有些机构采用的方法却无法发挥作用。

这是因为信赖关系的建立并非易事，我们设计的各种活动都需要明确背后的目的，从而结合实际情况，对常见的活动进行针对性的改造，确保活动能够发挥价值，而不只是完成任务。

2.小组活动

在课堂上建立信赖关系的一个重要方法就是小组活动。基于有效的学员分组，我们可以通过小组讨论、模拟沙盘、小组竞赛等多种方式，让小组成员在更加充分的交流中彼此信赖。

要实现这一目的，关键并不在于后续的活动形式，而在于最初的分组设计。

我们可能都有这样的经历：在举行小组活动时，有的小组聊得热火朝天，有的小组却一片沉闷，有的小组甚至出现争吵。这其实都是因为我们没有进行有效的分组设计。

创业教育机构必须根据每位学员的特性，如性格、经验、行业等要素，对学员进行分类组合，让小组活动能够真正发挥其效用。

3.同学互访

同学互访也是常见的课程活动方式，通常在课程间隙或课程结束后进行。

同学互访是让学员彼此信赖、成为伙伴的重要活动，但如果我们只是内定一两家优秀学员作为"样板"，组织其他学员前去参观，那这个活动也会流于形式。

创业教育机构在推进同学互访时，必须基于学员的相互认同，将学员企业的真实经营状况展现给对方，并针对企业经营细节进行交流探讨，让同学互访真正成为深化双方信赖关系的活动。

打造班级文化、凝聚人心的 2 种路径

在学员互相认同与连接的基础上，创业教育机构就可以更进一步，通过打造班级文化，增加品牌价值，并将学员凝聚在一起，让学员真正将自己看作班级的一分子，为班级的提升、品牌的宣传做贡献。

品牌文化建设非常重要，已经成为众多商业机构的共识，但在创业教育行业，我们是否需要更进一步，为班级打造独特的文化属性呢？

答案是肯定的。在创业教育领域，校友、学长的概念，通常远远逊色于同学。在一个班级共同学习，能够有效帮助学员建立互相认同与连接，而我们要维持这种认同与连接，就要打造出班级学员共享的班级文化，真正将班级学员凝聚在一起，并以此激发学员们互助互利、资源共享。

引导学员自发讨论形成班级文化

很多创业教育机构在班级开课之前就已经确定了班级文化，并打出了相应的标语，比如"勇往直前、自强不息""把梦想放飞、用青春歌唱""细节决定成败、过程决定结果""创业不言悔、爱拼才会赢"。

这些标语当然可以成为班级文化的注脚，但学员是否认可呢？如果学员不认

可，在短短的课程时间内，我们又能否将这种"班级文化"灌输给学员？

这种可能性几乎为零。对于创业者学员这一群体而言，他们天然具有很强的"免疫力"，强行灌输文化理念，不仅无法打造出班级文化，反而会引起学员们的反感。

因此，创业教育机构想要打造班级文化，就必须推动学员自发打造班级文化。在这一过程中，我们要做的就是发挥好引导作用，推动班级文化的形成并确保班级文化的健康向上。

1. 班级文化的形成

班级文化的形成，离不开班级学员的共同思考。正是在各位学员的价值观碰撞中，班级文化才能融入班级特征，并赢得班级学员认可。因此，在推动学员自发打造班级文化时，我们就必须要引导学员积极思考，激发学员的主动性。

（1）提出思考问题，并展开讨论。

（2）确保问题与课程主题相关，以引起学员思考的兴趣。

（3）激励学员思考，可给予展示机会作为奖励。

（4）与优秀学员沟通，让其做好带头作用。

2. 班级文化的优缺点

举例而言，在第一期"联想之星创业CEO特训班"当晚的班级活动上，我们向所有学员提出了一个问题："我们为什么要到这里来学习？"经过各位学员的学习与讨论之后，在第二天的班级活动上，学员就在班委的组织下讨论凝练出了一句话——"砺志产业报国，成就联想之星。"这也成为第一期"联想之星创业CEO特训班"的重要班级文化。

在联想之星不断开展培训的过程中，我们也发现了班级文化的优势与缺点。

（1）优势。因为是班级所有学员共同讨论形成的文化理念，学员对班级文化通常有很强的参与感和认同感，这也是文化共创形成的重要凝聚力。第一期"联想之星创业CEO特训班"的学员至今仍对其班级文化有强烈情感。

（2）缺点。班级文化的缺点则在于不易传承，每一期学员都有其自身特色，因此，其班级文化虽然会引发当期学员的强烈共鸣，却难以传承给之后的学员。与此同时，学员自主讨论形成的班级文化，也可能与创业教育机构的理念有出入甚至出现冲突。

正是因为班级文化的这些特点，在学员自发讨论的过程中，创业教育机构也必须做好引导工作，让班级文化发挥出应有的作用。

通过有影响力的、持续的活动塑造班级文化

20世纪90年代，斯坦福大学展开了一场心理干预实验，该实验也成为心理学的重要发展依据。

在那场实验中，组织者招募了一群学生参与实验，其心理干预措施十分简单，就是组织学生开展写"日记"活动。实验将学生分为两组。

（1）价值组，要求学生写出他们最认可的价值观，并记录下日常生活与这些价值观的联系。

（2）对照组，这些学生只需记录下生活中发生的一些好事即可。

一个寒假过去之后，组织者收集了学生的记录并逐一访谈。结果发现：价值组的学生不仅身体更健康，而且精神状态也更好，在返校之后，他们对于自身的能力拥有更多的自信。

在进一步研究之后，组织者确认，关于价值观的写作，或者说重复暗示，能够让人明确生活的意义，更加积极。

自此之后，更多的类似研究接踵而来，结果都证实了正面的、持续的活动能够让人感觉更有力量，拥有掌控感，产生自豪和强大的感觉；长此以往，对于人们的事业成就、身体健康、人际关系、心理韧性都具有正面影响。

基于这样的思路，在打造班级文化、凝聚人心时，创业教育机构就需要构建起

核心的价值诉求，并设计出有影响力的、持续的活动，通过这样的活动实现班级文化的持续输出，进而塑造出正面的、积极的班级文化。

1.明确禁止"负能量"

在任何一次班级活动或日常沟通中，我们都要在班级内明确禁止"负能量"，以免破坏活动氛围，影响班级文化属性。

事实上，创业者群体通常都承受着巨大的心理压力，因此在与同行者的交流中也容易诉苦与抱怨。创业教育机构当然应当给予这些学员发泄的机会，但发泄负面情绪的目的，是为了卸下心理负担、继续前行。

因此，想要发挥班级活动的正面作用，我们就必须明确禁止"负能量"，并以身作则，在活动中时刻保持积极向上的心态。

2.活动正面且温暖

真正能够打动人心的班级活动，一定是带有正能量的活动，比如沙漠越野、戈壁挑战等。这样的活动不仅会给创业者学员极大的新鲜感，而且战胜戈壁或沙漠的过程，就如创业一样，孤独地行走、不停地挑战，虽然能够得到他人的鼓励或是资源的支持，但我们最终要靠自己的双腿抵达终点。

事实上，深刻的班级文化都是源自这种持续的正面活动。

例如，联想之星有名的"同道同行同梦想"的文化的形成，就离不开第一期创业戈壁行活动。在这次活动中，联想之星通过带领创业者重走玄奘之路，在戈壁行走中切身体悟"即客出发"的理念。所谓"即客"，就是指"即刻去做的人""有梦想就立即行动的人"。而创业者正是行走在创业道路上的"即客"，他们怀揣理想、勇于行动，不断坚持、超越自我。

无论采用怎样的活动形式，作为创业教育机构，我们在每一个环节都要保持正面形象，并尽力给予学员鼓励和关怀。

如此一来，持续的活动也将成为持续的价值输出，在班级文化的形成中发挥巨大的影响力，使班级文化得以塑造且保持积极。

3.符合创业者的特质

活动的形式有很多，但创业教育机构的班级活动却必须符合创业者的特质，注重务实和亲切，切忌过分跳脱或过分"端着"。

创业黑马在组织班级活动时有一个独特的文化理念，那就是"不端、不装"，这一文化理念是创业黑马常任导师周鸿祎提出来的，在周鸿祎及徐小平等导师看来，创业教育机构用经验帮助创业者少走弯路具有突出的时代意义，在这里，每位导师或学员都有各自艰难的一面，大家在这里交流、学习、成长，没必要"端着、装着"。

正是借助符合创业者特质的各项活动，创业教育机构才能让学员之间建立更加紧密的连接和情谊，进而形成一套能够帮助创业者提高创业成功率的独门秘诀。

形成学员自我管理的 1 个组织

创业教育机构虽是创业者学习的重要平台，但双方却容易陷入矛盾关系当中。

（1）学员作为创始人在各自公司扮演说一不二的老板角色，而创业教育机构作为培训组织却需要形成一定的纪律性。

（2）创业教育机构的一般工作人员并非CEO，可能也缺乏管理、咨询、投资等方面的经验，因而容易表现出服务姿态或讨好心态；而工作人员需要对创始人产生足够的影响力，才能约束学员。

要解决这样的矛盾关系，创业教育机构就必须改变思路，弱化所谓师生管理或机构管理，而要强化学员自我管理，让学员在相互交流与陪伴中共同成长。

创业教育机构不仅要为创业者学员提供知识、融资等资源支持，同样需要满足学员的心理需求。孤独的创业者们需要同道与其同行，创业教育机构则要为其提供建立连接的平台，让学员充分发挥自身的优势，并在相互交流中共同成长。

然而，真正能够深入创业者学员心灵并与其共同成长的，其实就是其他创业者，更进一步说，就是他们的同班同学。因此，我们就要引导学员建立一个自我管理的组织，只有如此，在课程结束后，这次学习、这个班级才能持续为其创造价值。

正如传统的课堂管理一样，建立学员自我管理的组织，离不开班委、班主任等核心角色。那么，在一群心气颇高的老板学员中，我们又要如何让一群学员管理另一群学员呢？这就需要创业教育机构发挥应有的引导作用，做好班委建设，并让班主任塑造出自己的"管理权威"。

管好老板学员的核心是价值观

我至今仍然记得自己招募一位班主任时的场景，她当时问了我一个很直接的问题："你认为CEO这样一个群体需要管理吗？""当然需要。"我的回答十分干脆，她也由此下定决心应邀担任班主任的职务。

时至今日，很多创业教育机构仍然有这样的疑惑：老板平时都是管人的，谁愿意被别人管呢？但管理却是维护创业教育服务质量的必要手段。

其实，作为企业创始人，老板对管理其实并不反感。因为在企业的发展中，老板就是借助各种管理手段，不断向员工传递企业价值观，从而充分激发员工的工作动力和潜能，进而为企业创造更大价值。

当然，很多企业管理者会对被管理表示抵触。因为大多数人都天然抗拒被他人管理，当他们通过多年打拼、击败诸多对手，终于成为管理者时，他们就不愿被管理，更不愿在其他管理者面前"自降身份"。

正是因此，在管理老板学员时，创业者们有一个突出优势，那就是创始人之间的共同语言。老板们愿意接受管理，也愿意由此建立连接，提升创业教育带来的价值。

从这个角度出发，要管好老板学员，就必须基于一个核心要点——价值观的塑造。

联想之星在举办第一期课程时，通过学员的组织讨论定下了自己的班训"砺志产业报国，成就联想之星"，其中"砺志"两个字正是由苏州纳米所的徐科提出的，他也是苏州纳维科技的创始人。

所谓"砺志"，就是磨砺意志。因为立志简单，而"砺志"才是支持创业者不断前行的核心价值观。正是在这样的价值观的支撑下，徐科赢得了其他学员的认可；在相互的学习中，徐科也及时调整创业思路，决定放弃终端产品，只做技术研发，从而缩短业务链条，降低创业风险。

"我们现在沟通非常多，可能会在业务上有合作，甚至合资成立公司。大家有各自的优势，结合起来会更好。"在回顾这次学习经历时，徐科感到十分庆幸，当初的报名学习让自己收获巨大。

管好老板学员，其实就是要用价值观赢得老板学员的认可，这样老板学员们自然也会给予配合，与培训机构共同成长。

做好班委建设：让学员实现自我管理

任何组织的形成，都需要核心成员发挥作用。而在创业教育领域，在学员自我管理的组织里，所谓的核心成员就是班级的各位班委。

一个由30~50位学员构成的班级里，班委的数量通常有3~8位，这些班委的职能更像是各个小组的小组长，负责在小组活动中引导小组成员共同学习。但与此同时，班委团队也要承担班级管理的其他职能，在满足班级成员各项需求的同时，加强班级凝聚力。

（1）机构推荐。在课程初期，学员之间尚不了解，在建设班委团队时，机构则可以做出一些推荐，并说明推荐原因。需要注意的是，我们推荐的学员必须确实具备优秀能力和潜力。

（2）学员选举。只有得到学员认可的班委，才能在班级管理中发挥作用，而要做到这一点，我们就要建立学员选举机制，由候选人进行自我介绍及拉票，并由学员自行选出他们认可的班委。

（3）班委职责。班委必须具有一定的号召力、影响力，能够鼓舞班级学员积极学习、主动思考，融入班级的集体当中，从而成为组织核心，引导学员自我管理组织的形成。

（4）合理搭配。团队能力的有效发挥，离不开团队成员的合理搭配，如能力搭配、时间搭配、性别搭配等。此时，我们则要进一步发挥引导作用，让班委团队在发挥各自优势的同时，确保能够为不同学员创造价值。

课程班主任如何塑造自己的"管理权威"

在一群创业者群体之间，即使成为课程班主任，也不会被赋予天然的权威。而缺乏行政权威作为支撑的班主任，也难以在班级管理中发挥应有的主导作用，更难以建立自我管理的组织。

想要形成学员自我管理的组织，我们就需要为这个组织找到一个核心，在向心力和凝聚力的作用下，这个组织也会持续成长。

基于这样的逻辑，课程班主任要塑造自己的"管理权威"，关键不在于"权"或"威"，也不在于所谓的规章制度，而在于将班级其他学员凝聚起来的能力，在于赢得大部分同学认可的素养，即个人领导力的塑造。

一般而言，课程班主任的领导力塑造主要源自5个方面。

1. 具备使命感

在创业者的世界里，每一位前行者都心怀改变世界的强烈欲望，而创业教育机构就要凭借自身经验、能力和资源为他们赋能，助力创业者前行。因此，课程班主任就必须具备使命感，将助力创业者作为使命，而非简单地以利益来衡量。

2. 明确描述并实现目标

每个创业项目的成功都需要明确的目标，而在创业教育中也同样如此。每位创业者来此学习同样有明确的目标，课程班主任则要基于学员的核心诉求，明确描述课程目标，如提升能力、学习经验、连接资源等，并在持续的学习中实现目标。

3. 具备接受新鲜事物的能力

创业者无疑是极具个性的一个群体，其中也会涌现出各种新鲜的人、事、物。

尤其是在经济环境急剧变化、技术革新飞速的当下，即使同为创业者，我们也很可能对某些新鲜事物感到困惑。作为课程班主任，我们必须具备接受新鲜事物的能力，认可并理解各类创业者及其项目，从而给予其更具针对性的引导。

4.获得学员的信任和尊敬

获得学员的信任和尊敬，是课程班主任塑造"管理权威"的核心要素。课程班主任没有任何行政威权的来源，想要管理好各位创业者学员，就必须获得学员的信任和尊敬，而在这背后，则是公正、勇气、谦虚和乐观开朗等每位管理者都必备的品质，也是很多创业者想要追求的品质。因此，当课程班主任能够展现出这些品质时，自然能够得到学员的认可。

5.抱有关爱之心

课程班主任需要通过塑造个人领导力做好班级管理，而在其内心深处，仍然需要秉持一颗关爱之心，这也是管理者都应该具备的重要品质。在众多创业者学员中，我们总是能够轻易地发现其中的"种子学员"，也能发现看起来"没有成功的希望"的学员，但无论是哪种学员，我们都应当一视同仁，给予应有的帮助，做好班级内的平衡，以免最终受益的只有少数看似"种子学员"的学员，而其他更多的可能性则因这种偏爱而被湮灭。

第8章

创业教育社群维护与运营心法：让学员不想离开

> 社群运营的本质，就是解决课程无法解决的问题——学员的个性化诉求。创业者参与创业教育培训，不仅是基于融资需求或学习需求，还是为了满足心理需求。鉴于"孤独创业者"的情感诉求，创业教育机构要利用社群让学员不想离开，让学员真正融入创业教育机构平台。

从上课的那一刻起，就让学员不想离开

课程是我们的产品，只有当我们打造出好产品时，学员才会产生进一步了解的动力。简单而言，如果iPhone、iPad、iMac无法给予用户良好的使用体验，"果粉"的产生也无从谈起。因此，创业教育机构的社群运营就要从上课的那一刻开始，用优质的服务体验让学员不想离开。

课程效果好不好，主要看服务好不好

课程内容可以复制、老师可以邀请，但服务却能构筑企业发展的护城河，巩固企业的差异化优势。在创业教育行业，课程的效果，不仅需要考虑课程内容和授课老师，课程服务也同样重要。

所谓课程服务，不是简单的餐饮、住宿，而是融入课程每一环节的贴心服务，让创业者学员能够更好地体验创业教育为其创造的价值。

一般而言，课程服务主要分为课前服务、课间服务、课后服务3个环节。

（1）课前服务。创业教育机构需要在课前做好课程通知，并提前将课程安排、预习资料或其他相关材料发送给学员，让学员做好准备。

（2）课间服务。为了提升课间学习效果，我们可以在课程开始时引入一些轻松、有趣的活动，帮助学员激活学习状态。在课程期间，我们则要做好饮食、纸笔

等后勤支持。

（3）课后服务。课后服务的主要形式则是课后答疑、作业收取和学情反馈，在完善课间服务的同时，获取学员的学习反馈。

社群运营的好坏，关系到学员体验的好坏

来自天南海北的创业者学员，在参加课程之前通常也互不认识，缺乏经验的创业者学员也容易感到尴尬，不知该如何融入班级集体，而这就需要我们通过社群运营将学员聚拢在一起，为学员提供更好的学习体验。

创业教育机构的学员社群大多是一个松散结构，学员可能遍布全国各地，也都有着各自不同的想法和意见，以及表达方式。创业教育机构要让学员离不开，就要做好社群运营，进行一定的平台规则和机制设计，为学员提供更多的价值体验。

1.社群系统的基本结构

构建社群是一个系统性的工作，并非只是建群。创业教育机构要通过社群运营给学员更好的体验，就要设定相应的规则和机制，更要投入营销、客服、技术等各种力量，在提升学员体验的同时，提升学员参与度、扩大社群影响力。

简单来说，在社群中，我们必须设置管理员、客服、营销、技术4个职能岗位。管理员负责社群的整体运营，客服负责解决学员的各种问题，营销负责向社群推送各种内容，而技术则负责社群运营的技术问题，如图8-1所示。

图 8-1 社群运营系统

2.社群运营的核心要素

社群系统的基本结构只是为了丰富社群的基本功能，而要真正实现创业教育社群的有效运营，我们还需关注社群运营的4个核心要素。

（1）发起人。每个社群的建立都需要有一个发起人，他不仅是社群的灵魂人物，也是社群运营的催化剂，比如黑马社群的牛文文，正是中国很多创业者心中的灵魂人物。

（2）信仰。信仰，或者说信念、文化，这种精神的力量能帮助社群快速凝聚核心学员。正如每个创业教育机构都有自己的品牌文化一样，我们也要将之融入社群运营当中。

（3）"斗士"。"斗士"一般是指社群的忠实支持者，他们围绕在发起人身边，对社群强烈认可和支持，因此，他们虽然人数不多，却能在社群运营中自发发挥主导力量，维护社群氛围。

（4）圈子。创业者是一个圈子，创业教育学员也是一个圈子，要让这个圈子真正落地，我们就要组织各种线下、线上活动，让学员在频繁的交流互动中真正融为一个集体。

3.社群的主要价值

社群就是创业教育机构维护学员关系的大本营，当学员被吸收进社群中时，他们的归属感也会得到提高，但社群却并非简单的微信群，而是一个具有社群价值的平台。

（1）标签价值。如"××班×期"这样的标签，可以成为一种身份和荣誉的象征，就如知名大学的同学会一样。

（2）知识更新价值。创业教育机构可以在社群中持续更新知识，为学员提供符合创业趋势的信息。

（3）情感价值。志同道合的学员在一起交流学习、陪伴成长，这也是社群情感价值的核心。

（4）人脉与资源价值。学员也可以在社群中广泛接触优秀的人和商业资源，为自身项目发展寻找助力。

从社群价值出发，我们在运营社群时就无须局限于微信群这一形式，而应聚焦社群价值的持续创造，至于"据点"是微信群、QQ群还是论坛、贴吧则并非关键，只需符合学员习惯和运营需求即可。

黑马学院打造的黑马社群模式，本质上就是要让学员之间加深合作，甚至通过社群产生更深层的交易关系。因此，虽然牛文文将黑马社群成员称作"创业的土鳖们"，但却致力于通过黑马大赛、i代言、牛投等各类资源为黑马社群成员提供支持，在这些相关活动的举办中，黑马社群成员从圈子到信仰都逐渐走向协同，这群被称作"土鳖"的创业者以黑马社群身份为荣，形成了强烈的社群归属感。

课程结束后服务并不终止

课程是创业教育机构为学员提供价值的主要环节，但课程结束并不意味着服务的终止。从创业教育机构的长远发展来看，创业教育机构的核心资产其实就是其校友资源。

明星学员能够成为品牌价值的代表，而老学员则是构建社群的基石。在课程结束之后，创业教育机构更应当通过服务将学员连接起来，形成更具黏性的社群体系。创业教育机构的课后服务一般可以从口碑、专属两个角度着手。

1.巧用口碑，强化学员认知

在创业教育课程结束之后，创业教育机构的课程、老师等元素，已经脱离创业者学员。此时，他们更关注的是品牌形象是否健康、服务质量是否优良，因为这些要素形成的品牌口碑，都关乎创业者学员的形象：如果他们对创业教育机构品牌、服务不满意，那自然不会愿意向其他人推荐，当然也不愿意参与到机构的社群中去。

社群营销正是基于口碑的辐射传播。而当创业教育机构不断强化自身品牌价值,成为创业者学员的光环时,他们就会主动进行分享,并从中获得荣誉感。而这样的过程,同样是引导学员强化品牌认识的过程,能够让学员将自己看作创业教育机构的"一分子"。

2.提升学员的"专属特性"

如果我们通过课程效果、课间服务、社群运营已经赢得学员的认可,那他们就会成为创业教育机构持续发展的中坚力量,这也直接关系着品牌未来的发展和口碑。

此时,创业教育机构就要为此类学员提供专属服务,比如同学会门票、资源对接会邀请函、日常礼物等,以激励此类学员继续参与创业教育机构的各项活动,并通过"专属"的服务,将他们的这份骄傲和自豪向外扩散,吸引其他学员一同融入进来。

如何组织让老学员愿意多次参加的同学会

同学会是学员建立连接的重要场合，也是课后服务的重要组成部分。在同学会上，新老学员可以建立连接，社群文化也将在这样的碰撞中逐渐形成，从而构建起创业教育机构社群运营的基础，推动创业教育机构的价值延伸。

如何把同学会办得更新颖

千篇一律的同学会活动当然无法刺激老学员的参与欲望。创业教育机构必须把同学会办得更新颖，从而吸引老学员参加，与新学员互动并做分享。

如果总是吃饭喝酒、唱歌闲聊，这样的同学会不仅无法吸引老学员参加，反而会引起老学员的反感。新颖的同学会必须融入新奇创意，且不能脱离创业教育机构的品牌特征。

比如春天去戈壁徒步、秋天去阳澄湖吃蟹、冬天去海南冲浪，这样的同学会当然不会成为学员的负担，而是一次游玩放松的机会，他们完全可以带着休闲娱乐的心情前来，甚至将此作为家庭游的一环。

为了进一步增强同学会的吸引力，我们甚至可以融入评选、颁奖的环节，让学员可以通过参与同学会获取实在的收益，比如免费课程、资源连接等，在增加同学会趣味的同时，形成一定的利益吸引。

如何邀请明星学员前来分享

如果某次同学会能够邀请明星学员参加，那这次同学会即使形式再枯燥，也能吸引大量学员参与。因为大家都想通过与明星学员的交流，学习更多的创业经验，或是与更多的人建立连接。

那么，如何邀请明星学员前来分享呢？

1.做好情感引导

在课堂学习与课程运营中，创业教育机构通常能够与明星学员建立一定的情感联系。尤其是当创业教育机构曾经给予其重大支持时，这种情感联系会变得更加紧密。

因此，创业教育机构邀请明星学员的核心就是通过情感引导，让与之相熟的老师、学员或其他人向其发出邀请，并表明机构的热情期待。

当然，同样会有曾被机构忽视的明星学员，他们在课程期间的表现并不突出，与机构的联系也不太紧密，对于此类明星学员，我们可以尝试邀请，但切忌表现得过于殷勤，以免惹人反感。

2.降低参与成本

明星学员已经拥有一定的成绩与名气，其日程安排自然也会变得紧凑。因此，在邀请明星学员时，我们也要站在对方的角度，考虑对方参加同学会的成本，如果对方实在没空参加，也一定不要强迫对方。

从这个角度来说，如果我们的明星学员遍布全国各地，那我们在举办同学会时，就可以向周边的明星学员发起邀请；与此同时，我们也要尽量提前邀请，以避免对方已经安排行程。

如何打造让学员都认同的文化

无论是动之以情，还是诱之以利，其效果其实都不如用文化吸引创业者学员。当同学会成为一种文化，甚至成为整个创业圈都认可的文化现象时，这样的同学会自然可以吸引更多学员的参与。

而要打造让学员都认同的文化，我们就应当充分发挥学员的主观能动性。因为只有学员自发打造的文化，才能真正赢得学员的认可，其间，创业教育机构则只需发挥引导作用即可。

事实上，当学员愿意报名创业教育机构的课程，并在课后加入我们的社群时，就意味着他们对机构品牌文化的认可。而在品牌文化的基础上，我们则可以鼓励学员主动建群，在其自主交流中逐渐形成更具生命力的文化。

1. 鼓励学员主动建群

当我们的学员规模较小时，我们可以亲力亲为，将所有学员吸纳进社群中，并采取完善的社群运营策略。然而，一旦学员规模上升到一定程度，我们就很难做到面面俱到。

此时，我们则可以鼓励那些认可品牌文化的学员主动建群，让他们帮助我们进行辐射管理。而我们只需做好核心社群的维护运营即可。

赋予学员主动建群的权力，也是对学员能力的一种认可。在这一过程中，这些学员同样可以自主连接资源，获得相当大的收益。因此，创业教育机构不要顾虑学员是否会主动，而要考虑如何培养"学员领袖"。

2. 培养"学员领袖"

在创业教育课程中培养起来的课程班主任及班委团队，其实就是最好的"学员领袖"人选。因此，我们在课程期间，就要做好培养工作，让这些优秀学员成为社群组织的核心，承担起打造社群文化的重任。

与此同时，每位课程班主任或班委的个人特色，也都能够作为职能细分和社群细化的一个基点，让"学员领袖"可以真正发挥社群主导者的作用。

需要注意的是，为了确保社群文化与品牌文化相符，我们在培养"学员领袖"的过程中，也要对其进行文化输出，在日常的交流和持续的服务中，让品牌文化真正赢得对方认可，并自然将之融入社群文化当中。

如何组织资源对接会

创业者学员加入社群，或者说，创业教育机构维护社群吸引力的核心，就是资源的对接。即使课程已经结束，但创业者对资源的需求却未必能得到满足，事实上，随着创业企业的不断发展，创业者对资源的需求也会不断更新。

因此，创业培训社群的维护与运营，离不开各类资源对接会的有效组织。这不仅能够极大提升社群活力，也是增强社群价值的关键。

如何搞定既有企业家又有投资人的对接会

资源对接会的举办并不困难，但如何将企业家、投资人等各位大咖邀请进来才是搞定对接会的核心难点。

在创业教育机构的课程讲授中，我们可以通过各种方式邀请知名企业家、投资人前来授课，但参与资源对接会的含义却与授课不同。企业家、投资人在这里不仅发挥着背书的作用，更需要切实地与创业者进行交流，并通过商务洽谈建立项目合作。

在商言商，以创业者为主体的资源对接会能够为企业家、投资人提供多少价值呢？如果我们无法解答这一问题，自然无法将对接会做好。因此，要搞定资源对接会，我们就要提升对接会的价值。

（1）品牌曝光。资源对接会是资源方品牌曝光的重要机会，尤其是对于那些同样针对创业者或企业家群体的资源方而言更是如此，如财务咨询、法务顾问、品牌营销、创业投资等，在与大批创业者的直接沟通中，他们可以展示自身的品牌价值，也可以获知创业者的潜在需求。

（2）项目合作。资源对接会不仅是一场见面会，更是一场合作会，在这里，资源供需双方可以快速建立项目合作，优质创业者更是会成为会场上的"香饽饽"。因此，如果有更多、更优质的学员参与，资源方也会热衷参加。

（3）积累人脉。当资源对接会已经吸引到部分知名企业家或投资人时，我们就会进入一种良性循环的发展，此时，后续加入的资源方的参与目标就不仅是创业者，同样是要与其他资源方建立连接，从而积累人脉。

（4）抱团共赢。新冠肺炎疫情在全球肆虐，大量企业陷入困境、创业者同样陷入迷茫，此时，一场连接行业的资源对接会则是推动行业走向抱团共赢的重要契机。在资源的有效整合中，各方也将赢得突破困局的机会。

上述4个要点正是创业教育机构吸引企业家、投资人的重要出发点。如果我们能够从这4个方面找到答案，我们的邀请函也必然会得到企业家、投资人的重视。

如何让新老学员之间的资源自由对接

创业者学员的资源需求极为复杂，而在创业道路上，一旦产生资源需求，他们就迫切地希望能够得到及时的满足，以免创业发展放缓甚至停滞。

传统的资源对接会则缺乏这样的及时性，因此，我们可以通过社群打造出学员间资源自由对接的平台，让新老学员的资源需求可以在社群内得到及时满足，而无须在外部盲目寻找，或等待资源对接会的召开。

1.互助文化

要打造一个资源自由对接的高效平台,就离不开社群互助文化的塑造,让学员主动发挥互助精神,为其他学员提供资源方面的帮助。这种帮助当然不是一种单纯的义务,而是具有更高优先级的资源交换。

当老学员拥有某种资源优势,而新学员对此表示有需求时,老学员可以及时反应,让新学员得以满足需求。虽然仍是交换,但这种主动、及时的资源对接将为新学员提供巨大帮助,并成为创业教育机构品牌价值的重要基石。

因此,创业教育机构也可以在社群内设计激励机制,用荣誉、勋章或积分等虚拟奖励,激励新老学员的资源对接。

在社群运营过程中,创业教育机构也应主动为学员提供帮助,或通过免费分享干货、为学员答疑解惑等方式,在互助文化的塑造中发挥带头作用。

2.自由对接

互不熟悉的新老会员之所以愿意在社群内进行资源对接,实际上就是因为创业教育机构本身的信任背书。因此,创业教育机构也要考虑新老学员的顾虑,发挥资源平台的作用,成为双方的信任中介。

创业教育机构可以建立专门的资源对接平台,由学员发起资源需求,平台则可对该学员或其项目做出客观点评,并由其他学员自主选择是否与其建立资源对接。在双方洽谈的过程中,可以寻求创业教育机构的意见,创业教育机构则要给出切实有效的专业意见,避免双方在合作过程中利益受损。

在新老学员的资源自由对接中,我们应当尽可能简化流程,以提高对接效率;但与此同时,我们也要做出必要的控制,维护学员的利益。

如何引入新资源,让对接会人人想来

资源对接会的核心价值,就在于丰富资源的汇集。对于创业者而言,这是获取资源的重要机会；对于资源提供者而言，这些学员能让他们的资源发挥出更大的价值。

当然，前者对后者无疑有着更大的渴望——资源总是供不应求的，因此，创业教育机构就要坚持引入新资源，让学员的需求可以在对接会上得到最大限度的满足。

2020年年初，在新冠肺炎疫情的影响下，面对无数陷入茫然或危机的创业者学员，黑马学院迅速举办了首场线上资源对接大会，在整合黑马导师、学员及黑马会会员等内部资源的同时，这场资源对接会还吸引了大量的新资源，如每日优鲜、锅圈食汇、小春社、聚道平台、须眉科技等。

之所以能够引入如此多的新资源，正是因为黑马学院抓住了资源方的参与动机，并据此为其提供了满足需求的机会。而在这一基础上，还保持了开放、利他的社群属性。

1.开放属性

很多创业教育机构在组织资源对接会时，一方面希望能够吸引更多的资源来为创业者提供价值，另一方面又怕竞争者来抢夺自己的优秀学员。于是，他们希望打造出专属自己的封闭社群。殊不知，除非机构拥有强大的资源调动能力，或是背靠政府机构，否则，封闭的对接会通常都不具备强烈的吸引力。

在组织资源对接会时，我们一定要保持开放的心态，与行业相关企业或友商合作展开活动，从而提高资源对接会的价值。

2.利他属性

在组织资源对接会时，我们的着眼点不能局限于利己，而应该更多地关注利他。而在这里，"他"又包含3层含义。

（1）创业者学员。组织资源对接会的目的，就是为创业者学员提供价值；此时，我们切忌将学员作为"诱饵"，只吸引对自己有利的合作商。

（2）资源方。资源方是资源对接会上的"稀缺资源"，他们参加资源对接会时，通常带有明确的利益目标，因此，我们就要考虑到他们的诉求，帮助他们实现目标，从而建立长久合作关系，为创业者学员持续提供资源。

（3）其他机构。一个开放的资源对接会，不仅是创业者与资源方的对接，同样需要引入其他各类机构，如媒体服务、渠道服务，甚至是其他创业教育机构及创业者。因为充分的开放与共享才能够让资源对接会具备更大的价值，因此，作为主办方，创业教育机构需要为他们提供相应的服务。

如何激活老学员，获得精准新学员

老学员是创业教育机构的重要资产，在社群运营中，我们必须要树立一个理念："十个人知道不如一个人喜欢，一个人喜欢自有十个人知道。"创业教育机构做的不是快消品，核心是为学员提供价值解决方案、推动学员创业成功，如果无法达成这一目标，老学员就不会认可创业教育机构的平台，精准获取新学员也就无从谈起。

礼物关怀，让老学员一直被记得

无论老学员毕业多久，他们都是创业教育机构的重要资产；无论老学员创业成绩如何，我们都要让老学员知道他们一直被记得。

礼物关怀是创业教育机构与老学员拉近距离、传达信息的重要手段，且送给老学员的礼物无须太贵重。

举例而言，创业教育机构的主要受众群体是科技领域创业者，某一老学员研制出一种颇有新意的高科技桌面玩具。此时，创业教育机构就可以与该学员洽谈合作，采购一批产品作为赠送给其他老学员的礼物，甚至可以附上该学员及其企业的相关介绍。这样既能够表达对其他老学员的关怀，又可以帮助该学员进行宣传。

这样的方式，能够进一步发挥礼物关怀的效果。因为我们不仅记住了这样一位老学员，还在时刻关注他的企业的发展，并实时给予一定支持。虽然这样的支持效果无法量化，但这样的心意却能传递到老学员心间，让老学员与机构间的距离更加贴近。

微信朋友圈宣传，如何让老学员乐意转发

微信是社群运营的重要平台，微信朋友圈则是创业教育机构通过老学员进行宣传的重要阵地。但想要让老学员愿意发微信朋友圈却并非易事，即使我们给予情感引导或利益吸引，很多老学员仍然不愿在微信朋友圈里发广告。

这一点其实无可厚非，此时，创业教育机构要做的并非强迫，而是引导。

在针对青少年的教育机构中，很多机构同样想要学生家长通过微信朋友圈为机构做宣传，但他们的思路却是从产品设计做起。比如举办各类学生创意活动或作品评比，机构在收到学生作品时就一键生成作品模板，对学生作品进行一定程度的美化，让学生家长愿意主动在微信朋友圈里分享自家孩子的学习成果。而此时，机构品牌也随着模板上的Logo或二维码得到了宣传。

因此，想让老学员乐意转发宣传信息，我们就要抓住学员发布微信朋友圈的动机，来进行营销设计。

（1）干货分享。具有强烈学习动机的创业者学员总是对干货知识有迫切需求，因此，如果创业教育机构能够通过微信公众号或社群发布各类干货文章，老学员就愿意进行转发。而在此类干货文章中，机构可以采取软文的形式，进行一定的品牌宣传，或者只是贴上品牌Logo，也可以起到精准拉新的作用。

（2）荣誉分享。荣誉分享是发布朋友圈的重要动机。基于这一动机，创业教育机构则可以赋予老学员荣耀，比如对老学员的成绩进行介绍，当然能够让老学员主动分享。

利益/荣誉连接，让"老带新"常态化

在社群运营中，激活老学员的一个重要目的就是推动老学员带动新学员的发展，也即所谓的"老带新"。但"老带新"则意味着额外的资源投入，我们必须给予老学员一定的回报。

正如在企业运营中，我们为了激励老员工带领新员工成长，会将"老带新"作为绩效加分项，或为老员工授予"讲师"称号一样，在让"老带新"常态化的过程中，我们也要给予老学员相应的利益或荣誉。

在"联想之星创业CEO特训班"第11期课程的开学典礼上，将会议推向高潮的是创业者学员高宇同、卜江的分享，两位创业者学员的分享为新学员注入了巨大动力，而这样的致辞机会也是一种巨大的荣誉。

创业教育机构能够为老学员提供很多的展示机会，这些展示机会不仅是荣誉，还是一种利益。在此过程中，我们可以为其提供更具实际意义的利益连接，如小班课程、对接会门票、一对一服务等。

社群运营也要有组织和参与感

社群运营的好坏，直接关系到学员的学习体验，同样关系到学员的"学后"体验，更关系到创业教育机构能否将所有资源整合在一起。社群不是学员们的"聊天群"，创业教育机构必须专门管理，在有效组织的同时为社群注入参与感。

社群的运营不能只靠自己，还要靠学员

社群已经成为创业教育培训体系的重要组成部分。借助社群，我们不仅能够将课程上的学习延续下去，也可以将新老学员汇聚在一起，借此实现资源连接。

但随着社群规模的不断扩大，面对庞大的学员群体，仅凭自身的力量，我们其实很难在社群运营中做到面面俱到；而当运营效果弱化时，社群也将难以发挥应有的作用。

其实，社群的运营不能只靠自己，还要靠学员的参与和支持，从而建立起一套稳定的社群生态。

一般而言，创业教育机构采用的社群生态主要有两种模式。

（1）基于学习群的金字塔结构。基于多年的教学架构，创业教育社群很容易形成基于学习群的金字塔结构。在这种结构中，必然存在一个具有高度影响力的领袖

人物，如讲师、班主任等角色；群友的加入，大多是为了追随领袖人物，学习与创业相关的知识或技能。

因此，在学习群中，我们通常可以建立一种相对严格的金字塔结构：领袖人物居于金字塔顶端，为群友分享各种干货知识；社群管理者居于第二层，帮助领袖人物管理群内事务；学员用户则居于底层，在相应的规则下，学习知识，相互交流，如图8-2所示。

图 8-2 基于学习群的金字塔结构

为了保持领袖人物的分享效率，在学习群中，我们通常会限制学员用户与领袖人物直接沟通的权限。常见的运营方式是：由领袖人物定期分享知识，学员之间相互学习，并由具有一定见解的学员进行相应的解答；在社群运营中，我们将具有思考意识且主动参与的成员称为思考者，思考者也是协助我们进行社群运营的重要角色。

（2）基于社交群的环形结构。与学习群相比，社交群更加强调社交功能，用以实现新老学员的相互交流。在这样的互动氛围下，每位成员的身份随时都可能变化。此时，为了将学员们凝聚在一起，我们则必须在群里安置至少一个活跃的灵魂人物，他可能会身兼思考者、组织者等多个角色。

如果一个社交群中存在2~3个活跃的思考者，那么，这个群不但具有很强的生命力，而且会在思想碰撞中产生很多火花。与此同时，我们也需要培养一些活跃分子，他们虽然难以贡献具有深度的内容，但却可以为社群活跃气氛、增加话题。

在活跃分子活跃群内氛围，思考者提供深度内容、维持群内管理时，围观者也会参与进来，从而使环形社交群更具活力和吸引力，如图8-3所示。

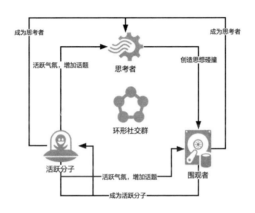

图 8-3 基于社交群的环形结构

因此，在社交群的运营中，我们必须安排人扮演好思考者的角色，对社群进行管理和引导，并吸纳更多的活跃分子，以保证社交群的良好氛围。另外，由于社交群成员需要更加活跃的氛围，因此在管理社群时，我们则要留下较多弹性空间，以免破坏社交群的活力。

给学员展示的机会，打造参与感

为了确保社群的运营效果，我们同样需要控制好社群的人数，确保每位学员都有展示的机会，而不是变成人数庞大、活跃者寥寥的"死群"。

一般而言，一个社群的最佳规模是40人，但我们的学员规模当然远远不止40人，为此，我们就要在社群运营中实行圈层管理。

在社群发展初期，我们可以将所有学员聚拢在一个社群中，但随着学员数量、社群规模的不断扩大，我们则要有意识地实行圈层管理，让核心学员建立"小圈子"，并承担社群运营的职能。

如图8-4所示，在圈层管理中，我们只需负责整体统筹，并对核心学员进行筛选与培养，让他们具备独立运营社群的能力；基于这样的基础，我们则可以对学员进行分级、分类后再重新组合，建立多个细分社群，并交由核心学员进行运营。为了激励核心会员做好社群运营，我们也需为其提供一定福利，如小班课程、一对一辅导等。

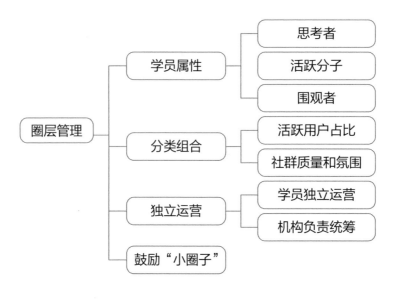

图 8-4 社群圈层管理

在此过程中，创业教育机构也可以鼓励学员主动建立自己的"小圈子"，从而促进学员深入交流，并加深社群内部的情感连接。

自由沟通与交流，以新鲜话题激活成员

创业教育机构的学员聚集形成一个社群，必然是基于成员内部的某种共性，而这种共性往往是相对抽象的，它虽然能够吸引用户加入社群，却难以自发形成一种群体化的认知。

但社群运营的终极目标，正是基于这种群体化认知，打造与品牌文化相匹配的社群文化，让社群在保持持续发展的同时，成为创业教育机构品牌价值的重要组成部分。

因此，在社群运营的过程中，我们就需要通过各种具体的事件，营造社群氛围，让每位学员都以社群成员的身份参与其中，从而建立群体化认知，并由此塑造社群文化与社群灵魂。

群体化认知的建立，事实上就是为社群建立一种文化壁垒。然而，这在塑造社群文化品牌的同时，也造成了社群准入门槛的提高。

对于新入群的成员而言，想要适应这种文化氛围，通常需要付出较高的成本。正是因此，很多社群会面临这样的尴尬：老群友们在群里交流得很开心，但新群友却很难插上话，最终屏蔽甚至退出社群。

因此，在建立社群文化的品牌化战略时，也要避免一维的文化元素，而要通过多维运营，塑造梯度化的内容，给予社群成员更多选择，让新入群的成员能够迅速融入社群，而不至于被已经成熟的社群文化拒之门外。

社群里也要有仪式感

伏牛堂的主营项目——湖南常德牛肉米粉常见于全国各地的大街小巷。在各种湖南牛肉米粉店中，伏牛堂无疑是做得最火或者说最富有互联网痕迹的一家米粉店。

这不仅是因为其创始人张天一北大硕士毕业的身份，也不仅是因为伏牛堂先后入驻北大创业营、中欧创业营，而是因为在创业之初，伏牛堂就大力打造自己的社

群组织：霸蛮社——在京湖南年轻人生活社区。

对于这个社群的成员而言，伏牛堂的米粉或许不是最好吃的，但却是最纯正的，融入了浓厚的家乡气息。其实，这种气息并非源自一碗米粉，而是源自霸蛮社的社群运营。

霸蛮社的一个突出特点就是：任何用户加入社群都要经历一个较为复杂的仪式，并经过一系列的考核，群主会与每位入群用户聊天，通过了解其真实情况以及对社群文化的认可度，判断其是否具有"入群资格"。

正是这样的入群仪式，让用户感受到霸蛮社强烈的"家乡文化"，社群成员也因此逐渐产生相应的身份认同——我们都是湖南人，这是在京湖南人的家。

仪式感在社群运营中发挥着重要作用。创业教育机构在运营社群时，并不一定需要设定多高的入群门槛，但一定要从用户加入社群的那一刻起，就让用户感受到社群的仪式感，并用社群文化不断感染用户，让每一位社群成员都由此产生强烈的身份认同。

所谓身份认同，简而言之就是"我们是一类人""社群是一类人的聚集地"。而身份认同的建立，离不开各种仪式化的活动。创业教育机构需要根据自身品牌文化和社群属性，为社群注入仪式感。

社群文化与社群灵魂塑造策略

社群文化一般而言就是品牌文化的复刻或提炼。而在确定了社群文化的基本属性之后，创业教育机构则可以基于这一属性，对社群运营的各项内容进行引导，比如引导学员讨论与社群文化相关的热门事件，或分享相关的资讯、教程，逐渐在社群内部形成一种集体化记忆。

在不断的重复和强调中，社群文化就会逐渐形成，并触达社群成员的心灵。与此同时，为了进一步让社群文化保持活力，我们则要为社群文化塑造一个更具生命力的灵魂——正能量。

在当下的社交领域，正能量是出镜率颇高的词汇，虽然有时有些人貌似对之不屑，但其实，每个人都需要正能量，"孤独的创业者"尤其需要正能量的鼓舞。

正能量之所以偶尔被"嘲讽"，正是因为很多人打着"传播正能量"的口号，其内核却毫无正能量可言，只是一种炒作、一种营销而已。因此，在打造社群文化时，创业教育机构一定要将正能量作为社群灵魂，并以正能量激励学员成长。

正能量只有简单的3个字，但其内涵却极为丰富，如身体健康、尊老爱幼、独立思考、德才兼备、脚踏实地、爱国主义……这些都是正能量。我们的社群文化当然无法融入这所有的能量属性，但我们却可以从普适性和激励性的角度，精准定位社群的专属正能量。

在社群运营中，正能量应当成为我们社群的灵魂，这就需要我们选择能够切实落地的能量属性，需要注重普适性和激励性。

所谓普适性，就是指这种能量属性适用于所有学员，并符合主流价值观，比如创业者都需要的脚踏实地、独立思考。与此同时，正能量还需具备激励性，从而激励学员积极参与，比如独立思考后的头脑风暴或社群辩论。

当我们能够确定社群的能量属性时，就可以由此塑造社群灵魂，将之融入我们的社群文化当中，让社群变得更加正面且温暖。

第 9 章

强大的团队是创业教育机构的底气

任何商业组织的持续发展都需要强大的团队作为支撑,创业教育机构的底气同样源于多个优秀团队的积极配合。因此,在创业教育机构内部,我们要将创始人的初心与使命感作为原动力,打造出强大的教研团队、班主任团队、品牌营销与运营团队,并做好凝聚力建设,实现创业教育机构的持续成长。

创始人的决心与使命感是支撑创业教育机构的原动力

很多"务实"的企业家总是对决心、使命感表现得不屑一顾，但纵观企业发展史，正是使命、愿景、价值观这些看似务虚的词影响了企业的发展道路及其产品质量。对于创业教育行业而言，在资本的起起落落中，经历过泡沫与寒冬，创始人的决心与使命感更是支撑机构长期发展的原动力；也只有拥有使命感的团队，才能吸引到优秀的人才并打造出强大的团队。

创业教育机构创始人的决心与使命感

作为创业教育机构的创始人，在进入创业教育行业之前，我们就应当明确：我们想要通过这份事业实现怎样的目标？这是每位创业者都必须考虑的问题，而当我们确定了答案，那么遇到再多困难也要坚定前行，这就是所谓的决心。

很多创业教育机构虽然在初创时发展迅猛，但短短几年后就迅速消亡，成为创业教育浪潮下的一个泡沫。这正是因为这些创业教育机构在创立时并未明确自己的决心与使命。

1. 开始了，再困难都要扛下来

柳传志在题为《走在创业的路上》的演讲中的一个核心要点就是："真正要创

业的人，要想清楚自己是要做大树还是小草。"

对于这个问题，柳传志的论述是："在现实生活中，'小草'指的是把精力和时间投入家庭建设之中，力争让生活过得更舒适的人，他们在此之外没有更高的追求。其实这样也挺好，因为社会本来就是这样的，做什么的都有。但假如你要做的是'大树'，那就麻烦了，因为除了要具备大树的基因之外，还要有各种机遇。即使这样，经过一番努力之后，也很有可能还是做不成。但是，这个世界本身还是靠大树往前拉动的，大批民营企业家如果不站出来带领自己的企业往前走，就不会解决那么多人的就业问题。所以我相信，尽管大树难做，但在座的各位之中，总会有不少人愿意做。像我就是不管不顾，坚决要当这棵大树。而我们联想集团核心班子里的人，都是坚决要当大树的。他们是经过了考验，才到了这个班子，将来他们能接班，能做大事情。"

创业教育机构的发展也是如此，既然我们选择了开始，那么就要坚定决心，再困难都要扛下来。

2.一个好的产品是有自己的使命的

正如张小龙所说："初心或原动力应该是内心深处的一种认知和期望，它很强大，以至于可以坚持很久，克服很多困难去实现它。"在这样的理念下，微信的使命也由此确定：坚持做好的、与时俱进的工具，让创造者体现价值。

正是为了做好的、与时俱进的工具，微信摒弃了传统软件的强迫式体验，将简洁作为产品设计要点；为了让创造者体现价值，微信陆续推出公众号、小程序等功能。

"一个好的产品是有自己的使命的。"一个好的创业教育机构也同样如此。如果我们想要获取短期利益，那创业教育绝对不是一个合适的行业，因为我们的服务对象——创业者，对每一分钱都要精打细算。

当我们正式踏足创业教育行业，我们的使命感其实可以归结为一个词——利他。

创业教育的供需双方，究竟谁能从中获取更大的利益？一定是需求方——创业者。如果创业教育机构获取的利益比创业者更多，那这样的机构就很容易被创业者抛弃。

在2003年淘宝创立之初，无数中小企业主无须缴纳任何费用，只需付出一台电脑、一根网线的成本，就可以做起生意来。

正是这样的利他属性，让阿里巴巴创造了商业奇迹。那么，创业教育机构的利他属性在哪里？在于"让创业者不再孤独"，在于"帮助创业者成功"，在于"同道、同行、同梦想"。

创始人的决心与使命感是引领企业不断成长的重要支撑，也是企业发展动力的重要源泉。每一位创业者，尤其是创业教育行业的创始人，都必须要坚定自己的决心与使命。

创业教育机构团队的使命感

每位创业者或许都有崇高的理想、美丽的愿景，但随着企业的不断发展，随着企业成员的日益增加，当创始人及初代团队逐渐远离一线，甚至离开企业时，他们的决心与使命感也往往随之远离一线团队。

于是，团队的使命感开始出现偏差，绩效、利益、奖金、权力等要素，逐渐成为团队使命感的主要构成要素。此时，一线团队的短视与功利也必将影响整个企业的发展，使企业最终丢失创始人精神，企业使命也由此失守，企业的消亡也就近在眼前。

早在进入创业教育行业之初，联想之星的使命就是将科技成果产业化，而在多年的不断发展中，虽然联想之星的管理团队几经变动，但这样的使命感却始终传承下来，这也是联想之星广受科技领域创业者认可的关键。

而要实现这样的发展，创业教育机构就要从团队建设和反馈闭环做起。

1.团队建设

大多数职场人的核心价值观其实都早已成型，即使企业做出再多努力，也很难实现员工价值观的重塑，只能引导员工价值观向企业价值观倾斜。

因此，创业教育机构要为团队注入使命感，让团队能够与创始人一起成为机构持续发展的重要支撑，就要从一开始做好人才的筛选，以价值观为核心，而非只关注员工能力。

再有能力的人才，如果其价值观与企业相悖，那这种能力不仅无法为机构带来助力，反而会影响团队氛围，损害机构的凝聚力和战斗力。

当我们以价值观为核心准则，组建起一支"同心"的创业教育团队之后，我们就可以在强化团队使命感的同时，让团队成员自觉自发地向着机构愿景前进。

2.反馈闭环

创业教育机构必须关注创业教育团队的使命感，使创始人的使命感与团队使命感相融合，为团队赋予使命和自驱力。为此，创业教育机构就要创造一个及时的反馈闭环。

为了使创始人的使命感融入企业，让团队的使命感与创始人趋同，我们就要通过一次又一次的反馈，让团队明确自身工作的价值——我们不仅是在赚钱，更是在为社会创造价值，让那些创业者在我们的帮助下实现成功。

如何打造强大的教研团队

任何创业教育机构都需要一支强大的教研团队，并由他们来负责课程体系的设计和完善。课程就是创业教育机构的产品，正如任何企业发展的原动力在于优质产品一样，即使我们拥有知名的师资队伍，但如果缺少强大的教研团队，我们的课程产品就很难实现系统化的提升。

什么样的人适合待在教研团队

在创业教育机构中，教研团队是能够与讲师对话的团队，也是能将讲师能力与学员需求深刻连接的团队。

作为创业教育机构的管理者，我们当然也要了解课程、讲师和学员需求，但我们通常却是站在更高的角度，难以真正做到深入与细致。课程的具体节奏、讲师的细分优势、学员的潜在需求，以及三者的对接与融合，这些都需要细致入微的分析研究，而这就是教研团队的主要职能。

创业教育机构需要打造一支强大的教研团队，但什么样的人适合待在教研团队呢？我们可以从产品经理思维出发，将教研活动看作产品开发，并借助《俞军产品方法论》一书来理解。

作为中国最有影响力的产品经理之一，被称为"百度贴吧之父"的俞军对产品方法形成了深刻的认知，并总结出了3个重要概念。

1.理性决策

俞军认为，理性决策的3个核心要素分别为理性的信念、理性的目标和理性的行动。

（1）理性的信念，就是一个自知自省的过程。我们不仅要关注掌握信息的充分度，也要关注自身情况，如情绪影响、决策能力等，并对可能存在的认知偏差进行风险检查，避免出现路径依赖、心理账户等情况。

（2）理性的目标，则是要达到约束条件下的总价值最大化。因此，我们首先就要明确约束条件，确定自身具备的资源和面对的挑战，从而对不同目标的价值进行评估，总结出总价值最大化的资源配置方案。

（3）理性的行动，就是基于理性目标给出的最优方案，采取相应的行动，实现知行合一。

基于理性决策的概念，我们就能认识到，在创业教育讲台上挥斥方遒的讲师或许就像英勇的战斗英雄，而教研团队的工作则更像默默无闻的情报分析员。战场上的每一份情报都将汇集到教研团队手中，教研团队则要拨开各类无效信息的迷雾，抓住其中的关键，并将之与教学体系的改善相结合。

2.用户模型

建立用户模型，就是要研究用户行为及其背后的意义。俞军有一句关于用户的经典论述："用户不是自然人，而是需求的集合。"基于这一概念，俞军则总结出了用户的5个基本属性。

（1）异质性。用户的特点千差万别，我们很难找到两个完全一样的用户。由于用户偏好、认知、资源的不同，我们也不能把用户统一成单一的用户画像。

（2）情境性。用户的行为都必然受到环境的影响，同一用户在不同环境下也会有不同反应和行为。因此，没有情境就没有用户。

（3）可塑性。用户是可变的，他们偏好和认知都会因为外界信息的刺激而变化和演化，因此，用户具备可塑性。

（4）自利性。用户总是在追求个人总效用最大化。

（5）有限理性。用户虽然追求理性，但受限于个人能力，他们的判断却可能出错，只能做到有限的程度。

基于用户的这5个基本属性，在进行教学研究的同时，教研团队的成员还需对创业有基本的理解，以免研究成果脱离实际。

我曾经见过从事企业管理研究工作的学者，他们对理论研究得十分深入，借助各种复杂的模型，研究出精深的成果。但从企业管理的实际出发，他们的研究却无法落地，这样的研究者自然难以输出真正有效的结果，更难以与追求实际的讲师或学员打成一片。

从这一角度出发，我们就不难理解，很多优秀的教研团队成员其实都是经历过失败的创业者。之所以如此，是因为他们拥有学习的经验和动力，他们经历过失败，更想弄清楚创业为什么失败，又如何能成功；也是因为他们对创业者具有同理心，所以天然地容易与学员建立交集。

3.交易模型

在俞军看来，用户的每一次主动行为都是与世界的一次交易。因此，产品设计就必须引入交易模型，关注效用与成本。

（1）效用。效用并非一种客观的评价，而是基于用户的偏好和认知，也即用户主观认为事物是什么、有什么用。

（2）成本。用户的每次交易都需要付出成本，即使产品免费，至少也要付出时间成本，这些成本同样影响用户对效用的认知。

在创业教育服务中，教研团队要从效用和成本出发，重新考量创业教育课程为学员带来的效用，以及学员需要为此付出的成本，站在学员的角度判断其是否符合创业者效用成本比最大化的需求。

教研团队如何快速成长

推动教研团队的快速成长,可以从3个层面着手。

(1)团队建设。教研团队的成员必须具有使产学研相结合的能力,教研组长更要承担好团队主力的作用,在指导教研工作的同时,合理分配教研任务,让不同教研人员负责不同模块的工作,从而在协作中提升整体作战力。

(2)化繁为简。教研团队需要考虑课程、讲师、学员等各类要素,因此,教研团队就需要掌握化繁为简的研究能力,抓住繁杂需求中的关键信息,再以此作为切入点,引导教研工作的不断推进。

(3)榜样示范。教研工作的有效性需要通过充分的理论研究和丰富的实践进行检验,创业教育机构很难通过自身实现这样的经验积累。因此,教研团队就要做好对标,发挥榜样的示范效用,汲取对方的教研理念和经验,并将之与自身相结合。

如何合理安排教研团队的工作

为了更加高效地处理教研团队的各项工作,创业教育机构就要对其工作进行合理安排,并梳理出教研团队的基本工作流程。

(1)主题确认。每一节创业教育课程都应当有一个确定的主题,这个主题是我们招募学员和邀请讲师的基本定位,也是教研团队工作的锚定,否则,在处理各种琐碎信息的过程中,教研团队就很可能偏离方向。

(2)需求分析。教研团队的工作效果与学员需求息息相关,如果教研成果无法满足学员需求,那看似完美的教研成果也不过是纸上谈兵。而在进行需求分析时,我们就要切实站在学员的角度,采用问卷调查、数据统计等方式,在反复推敲中确定教研切入点。

(3)展开讨论。在确定主题和需求之后,教研团队就可以在组长的带领下展开讨论,围绕着主题和需求对教研内容各抒己见,如讲师、课程内容、课程形式、课程安排等。

（4）讲师沟通。基于课程主题和学员需求，我们就能邀请合适的讲师并与其进行充分沟通，同时就课程细节征求讲师意见，认真斟酌讲师的所思所想，尊重讲师的个性化特征。

（5）课程模拟。课程主题、学员、课程细节、讲师等主要内容确认之后，教研团队就可以进行课程模拟，由各个成员分别扮演相关角色，在模拟中发现缺陷，并不断完善，从而确定最终的执行方案。

（6）现场观察。在讲师实际授课时，教研团队也要进行现场观察，为了增强观察效果，各成员同样可以进行分工，如专门观察讲师、学员等，从而收集到更多细节信息。

（7）综合总结。每一次课程结束后，教研团队还需对整体过程进行综合总结，找到其中的薄弱点及亮点，从而在下一次教研工作中进行改善，实现教研团队的持续成长。

如何打造"管得住"老板的班主任团队

创业教育机构在搭建课堂管理团队时，通常会借鉴传统校园的管理体系，打造一支班主任团队。班主任团队是课堂管理的领头人，是维护并强化课程效果的关键力量。但要发挥这支团队的力量，我们还要解决一个核心问题：如何"管得住"老板？

什么样的人适合做课程班主任

在创业教育机构学习时，创业者通常愿意接受平台管理，从而充分借力创业教育机构为自身赋能。但这里有一个前提，那就是这位管理者必须具备相应的管理能力——这也是创业教育机构选择课程班主任的核心标准。

基于这样的服务场景，为了使课程班主任成为创业教育机构发展的重要支撑力，我们在选择课程班主任时需要遵循3个标准。

1.领导力

想要管理一群管理者，课程班主任就必须具备更强的管理能力。因此，领导力是我们选择课程班主任的核心标准。在创业者群体中，关于领导力的评判要素有很多，但我们必须抓住两个关键点。

（1）业务能力。创业者是一个十分务实的群体，如果不是打造过成功大企业的企业家,很难令他们信服。然而,班主任作为创业教育机构的员工,大部分人连创业都没有经历过,更谈不上是成功的企业家。此时,班主任要赢得创业者的尊重,就要依靠业务上的专业和精干。

(2)个人魅力。领导力往往也表现为一种个人魅力,如亲和力、专业性等,这些要素共同构成了一个人个人魅力。而一位具有突出个人魅力的课程班主任,也能赢得其他学员的认可,并将学员团结在一起。

2.正能量

正如我们的社群文化需要正能量作为灵魂一样,创业教育机构的课程班主任同样需要具备正能量,并将其传递给每位学员,在课堂上营造积极向上、互帮互助的学习氛围。

课程班主任既是管理者也是服务者,为其他学员提供价值,尽力维护并提升课程质量。

具备领导力且能服务好学员的课程班主任,有更多的机会来展现自身的能力,能够获得创始人的信任,不乏创业者学员有将其招入自己公司的想法和行动。

优秀人才到哪里都能发光。通过课程班主任的职责来表现自我,并能由此获得更多的资源,这也是课程班主任的"隐性福利"。但如果以此为目的来做班主任,则会过于功利,同样难以服人。

3.认同度

创业教育机构的课程班主任必然需要为课程质量的提高来服务。面对创业教育机构的服务对象,即使领导力再强,如果他们不愿担任课程班主任,也无法在岗位上充分创造价值。

因此,课程班主任的人选必须对此表现出主动性,或者说,对创业教育机构具有极高的认同度。只有如此,才能站在创业教育机构的角度,充分发挥课程班主任的效能。

认同度分三层。第一层是对创业的认同。这种认同不是因为创业成功会带来巨大的名誉光环和财富效应，而是创业这件事本身所蕴含的理想、创新、坚持等独特属性，以及由此在创业者身上所表现出来的精神气质和性格特点。这种认同度是课程班主任会和创业者更好融合的基础。

第二层是对所在创业教育机构的认同。包含了对领导人理念的认同、对教育方法论的认同，以及对团队文化的认同。这和所有组织中对优秀员工的要求是一致的。

第三层则是对自身工作的认同，即融管理与服务为一体，以利他的精神创造价值，通过帮助他人成功的方式来获得自身的成就感。课程班主任岗位是一个琐碎的事情反复做的岗位，虽然我们也强调创新，但要保持服务的一致性，依然有大量的重复性日常工作。如果不能形成通过创造价值来达成成就感的正循环，就无法保证稳定的运营。

后勤行政支撑人员应该做哪些工作

课程班主任是"管住"老板的核心力量，而后勤行政团队则是为老板提供服务的重要支撑。

后勤行政支撑人员的工作内容十分繁杂，主要包括以下5个方面。

（1）课程通知。根据既定的课程表，工作人员需要及时将课程时间通知给每位学员，并在课程开始之前做好提醒工作，以免学员错过上课时间。

（2）酒店预订。根据参与课程的人员数量及住宿要求做好酒店预订工作，并预留余量，以应对可能出现的临时人员调整。

（3）会场布置。根据课程形式，对会场进行合理布置，包括讲台布局、桌椅布局、影音设备调整等。

（4）宣传材料。制作个性化的宣传材料，如易拉宝、海报、笔记本、签字笔等。

（5）餐饮茶点。根据课程时间及学员口味，就近安排好学员的早、中、晚餐及茶点。

由此可见，后勤行政支撑人员的工作内容十分考验工作人员的细致程度。这也导致很多创业教育机构对此追求完美，他们认为十分完美的细节能够展现自身的实力。

但其实，除却课程通知、酒店预订之外，我们在后勤行政方面只需做到"三分"就够了。因为创业教育的核心仍然在于课程、师资以及社群等方面，虽然投入成本高、反馈时间长，如果我们无法在这些方面做到极致，那再好的后勤服务也毫无意义，反而会浪费团队的时间和精力。

团队内部凝聚力建设与团队人才的成长

企业是一个由诸多个体与团队组成的组织,任何组成部分的缺失都会影响企业整体的战斗力。在创业教育机构的日常管理中,团队不仅要完成本职工作,还需要处理好与其他团队之间的关系,在凝聚力与成长力的支撑下,实现企业的持续发展。

团队的无缝配合是打造口碑的关键点

即使创业教育机构有强大的讲师或融资资源,如果企业管理上下不通、团队协作内外不和,创业教育机构就会陷入内耗,竞争优势也随之流逝,口碑则更是无从谈起。

1.团队的3种分类

彼得·德鲁克在他的著作《巨变时代的管理》中将团队分为3种类型。

(1)棒球队型团队。在棒球队型团队中,团队成员虽然都在队伍里行动,但并不是作为一个团队在行动。每个人有自己固定的位置且从不离开,彼此独立,按顺序排列。二垒手从不跑过去支援投手,就像麻醉师从不帮助外科护士一样。用棒球界的老话说:"轮到你击球时,你完全是孤独的。"

很多传统大规模生产型企业多采用这样的团队形式。比如在一家传统消费电子制造企业中，营销人员难得看到设计人员，后者也从来不去征询前者的意见。设计人员完成他们的工作，然后交给开发工程师，开发工程师完成工作交给制造部门，制造部门生产出来后再交给营销部门。

（2）足球队型团队。足球队的队员和棒球队的队员一样，也有固定位置，但这些队员却必须作为一支队伍发挥作用，每个队员都可以根据需要出现在相应的位置。团队成员没有太多束缚，都只是盯着一个目标前行，这种模式适用于由知识工作者组成的较大团队。

很多现代化的制造业企业或者是互联网公司都采用这样的形式。用工程术语来说，设计人员、工程师、制造人员、营销人员是"平行"工作的。

（3）网球双打型团队。在网球双打中，队员可以相互掩护，并根据需求随时调整自己的位置。这种团队具有较强的灵活性，在发挥每个队员长处的同时减少其弱点的影响，一般适用于小型团队，队员需要有较强的自我约束力和合作力。

这3种类型的团队是完全不同的，对成员的要求、适合的领域以及无法解决的问题都不尽相同。这使得它们不能混合使用，一种团队只能以一种方式行动，而从一种类型转变为另一种类型是极为困难的。

因此，在实现团队的无缝配合之前，创业教育机构首先要认识团队的3种分类，并基于自身的特点采取合适的管理方法。

2.团队内部建设

为了在组织内部建立起高效的团队，充分发挥每个成员的优势，我们就要从以下3个方面着手。

（1）建立团队协作机制。要实现团队的无缝配合，创业教育机构首先要建立起团队协作机制，让团队之间可以充分沟通，站在企业整体发展的角度解决问题，避免内部冲突的形成，更要避免团队之间相互扯皮，比如营销说教研不行、教研说运营有问题……

为此，创业教育机构就要建立完善的权责制度，明确各部门的权力和责任，并对此进行监督和考核。简而言之，建立一套适合自身发展的绩效考核制度，并明确各项业务的流程制度。

（2）发挥管理者的协调作用。在协作机制的基础上，我们也要考虑创业教育业务的特殊性。创业教育服务的推进，尤其需要各个团队的通力合作，其间各个流程难以完全分割。因此，管理者就要发挥自身的协调作用，及时解决可能出现的冲突。

有些管理者在遇到问题时总会叹息"带不动"，觉得新人难以启动、成员难以激励、执行力难以激发……但此时，管理者不妨先自问一句："团队带不动，那能否带动自己呢？"当团队处于消极状态时，管理者是因此而情绪低落、导致团队剩余的积极力量也被扼杀，还是立刻调整自身状态，以更加积极的行动带动团队成员的积极性？

管理者必须找到各个团队的需求点和出发点，与其他团队管理者在相互理解的基础上友好沟通，并引导团队内部成员积极配合。

（3）强调团队合作精神。团队内部的凝聚力建设，需要团队合作精神的支撑。"团结就是力量"，团队成员的工作能力或许有所差别，团队之间的利益或许存在冲突，但在团队合作中，却能够让每个人站在合适的位置发挥出最大的价值。

团队合作精神的形成，不是依靠一次团建、两句口号，而是需要管理者切实践行团队合作精神，并在团队内部不断强调，让每位成员真正树立团队合作的思维，而非"事不关己，高高挂起"。

团队人才的成长路径

团队内部不仅需要凝聚力，同样需要成长力。无缝配合、持续成长的团队是创业教育机构的底气，由此出发，我们就要设计有效的团队人才成长路径，持续提升人才的专业能力，如图9-1所示。

图 9-1 专业能力成长路径

基于这一成长路径，创业教育机构内部的轮岗与流动，则是加强凝聚力、成长力的有效策略。

创业教育机构想要高速运转，就要通过团队的无缝配合减少甚至消除团队内耗，而这就需要团队成员都能够站在对方的角度，或站在更高、更广的角度思考问题，把握住企业发展的总体目标和整体利益。

说起来容易，做起来却难。轮岗机制则能让团队成员真正站在其他岗位的角度上思考问题，而为了确保这种思维的转变，团队内部轮岗的周期一般较长，最少需要一年。对于创业教育机构而言，轮岗周期则可以依照一次课程周期来确定。

与此同时，团队成员的流动也将带动信息的流动，上游部门将了解自身服务对下游部门的意义，下游部门也能理解上游部门的难处和需求，同级部门则能明确对方部门的业务逻辑……这样的信息流动又将进一步推动企业内部的部门沟通。

但轮岗与流动策略同样存在一定弊端，一般表现在恶性人才竞争及影响工作稳定方面。前者是各部门对优秀人才的争抢造成内部矛盾；后者则是员工在不停的轮岗中，失去了工作重心，丧失了稳定提升的机会。

因此，为了用好团队内部轮岗与流动策略，创业教育机构就要灵活设计内部轮岗机制，针对企业自身的实际情况进行设计，并遵循公开透明、公平理性、个性化、可操作的原则，让轮岗与流动成为团队内部凝聚力建设与团队成长的重要支撑。

成长型团队才是好团队

企业管理者都十分明确,只有成长型团队才是好团队。

企业的发展依靠的是一个个团队,如讲师团队、教研团队、营销团队、运营团队等。只有各团队的协同运作和持续成长,才能带动企业的持续发展,在突出竞争优势的同时,实现全方位的提升。

正如彼得·德鲁克所说:"团队、组织的目的,就是让平凡的人做出不平凡的事。"那么,如何让团队实现持续成长呢?答案就在于挖掘出让员工自动自发的原动力。

我们要做的,就是通过对团队成员需求的研究,找到各自的需求原点,并以此树立团队价值观,刺激团队成员自动自发地前进。

1. 积极高涨的团队氛围

在成长型团队的打造中,氛围是最重要的手段。在积极高涨的团队氛围中,新人能够迅速融入团队,基层人员能够快速成长,管理者也会因此效率倍增;而在消极低落的团队氛围中,新人的积极性会被扼杀,基层人员会想离开,管理者也会因此身心俱疲。而团队氛围其实很容易被破坏,因此,管理者必须高度关注团队氛围的营造和维护。

2. 永久有效的"吸引光环"

在管理过程中,无论是"推车"还是"拉车",都会耗费管理者的大量精力。如果管理者拥有"吸引光环",就可以像磁铁一样,吸引团队自动自发地追随。管理者必须塑造自身的"吸引光环",而这就需要管理者善于激励、感召团队成员,让他们认可自身的领导地位和带动能力。

3. 稳固持久的团队文化

团队氛围能够维持团队成员的高涨热情,"吸引光环"能够吸引团队成员的追随,但想要让团队成员真正自动自发地成长,还是需要团队文化的作用。当我们建立起稳固持久的团队文化，团队就会在这种文化下，自动对管理者及团队的优势或特质进行复制，如激情、勤奋、爱学习等。团队文化的作用，事实上就是使企业的信念与团队的价值相结合，形成一种团队专属的价值观。

依靠团队氛围和文化，以及管理者的"吸引光环"，我们就能打造出一个自动自发的团队，促使团队成员主动成长，推动企业持续发展。